数字化转型背景下的
财务管理
与创新发展研究

屈志凤◎著

吉林出版集团股份有限公司
全国百佳图书出版单位

图书在版编目(CIP)数据

数字化转型背景下的财务管理与创新发展研究 / 屈志凤著. -- 长春 : 吉林出版集团股份有限公司, 2024.12. -- ISBN 978-7-5731-6066-9

Ⅰ. F275

中国国家版本馆CIP数据核字第202449SX59号

数字化转型背景下的财务管理与创新发展研究
SHUZIHUA ZHUANXING BEIJING XIA DE CAIWU GUANLI YU CHUANGXIN FAZHAN YANJIU

著　　者：	屈志凤
责任编辑：	矫黎晗
装帧设计：	沈加坤
出　　版：	吉林出版集团股份有限公司
发　　行：	吉林出版集团青少年书刊发行有限公司
地　　址：	吉林省长春市福祉大路5788号
邮政编码：	130118
电　　话：	0431-81629808
印　　刷：	北京亚吉飞数码科技有限公司
版　　次：	2025年2月第1版
印　　次：	2025年2月第1次印刷
开　　本：	710mm×1000mm　1/16
印　　张：	16
字　　数：	253千字
书　　号：	ISBN 978-7-5731-6066-9
定　　价：	86.00元

如发现印装质量问题,影响阅读,请与印刷厂联系调换。电话:010-82540188

前言

随着信息技术的飞速发展，特别是大数据、云计算、人工智能、区块链等技术的广泛应用，企业作为市场经济的主体，其生存与发展面临着前所未有的挑战与机遇，而财务管理作为企业管理的核心环节，其转型与创新成为企业在激烈的市场竞争中脱颖而出的关键。基于此，特撰写《数字化转型背景下的财务管理与创新发展研究》一书，旨在深入探讨数字化转型背景下财务管理的变革路径、技术应用、内部控制、财务共享、业财融合、智能化发展以及人才培养等关键议题，为企业的财务管理与创新发展提供理论支撑与实践指导。

本书聚焦数字化转型这一前沿课题，各章内容具体如下：

第一章和第二章为全书奠定了理论基础，通过简述财务管理的基本概念、数字化转型背景下财务管理创新面临的机遇与挑战，以及大数据、云计算、人工智能、区块链等技术在财务管理中的应用，为后续章节的深入讨论提供了逻辑起点。

第三章至第八章为数字化转型背景下的外围管理与创新发展具体实践研究，内容涵盖数字化转型背景下的财务管理信息系统、财务内部控制与审计、财务共享服务中心建设、业财融合、财务智能化发展、财务管理人才的培养。对上述各部分内容的深入探讨，旨在为数字化转型背景下的财务管理提供科学的、具体的、可操作的参考举措，为企业财务管理适应数字化时代需求并实现创新提供思路。

本书逻辑清晰，内容丰富，体系完整，具有以下特点：

时代性：本书紧密围绕数字化转型这一时代主题，深入剖析了数字化转型对财务管理的影响，体现了强烈的时代感。

系统性：本书涵盖了数字化转型背景下财务管理的多个方面，包括技术应用、信息系统、内部控制、财务共享、业财融合、智能化发展及人才培养等，内容全面，系统深入。

实践性：本书注重对理论基础知识的阐述，结合科学系统的理论为财务管理提供了大量有益的建议，可以为企业财务创新发展提供切实可行的操作指导。

本书在撰写的过程中参考并引用了有关专家、学者的理论和资料，在此一并表示由衷的感谢。由于笔者撰写水平和时间有限，书中难免存在不足，恳请专家和读者批评指正。

屈志凤

2024年8月

目录

第一章　数字化转型背景下的财务管理

第一节　财务管理概述……………………………………………2
第二节　数字化转型的背景与趋势………………………………14
第三节　数字化转型背景下财务管理创新的机遇、
　　　　问题与挑战………………………………………………23

第二章　数字化转型背景下财务管理的技术应用

第一节　大数据技术在财务管理中的应用………………………28
第二节　云计算技术在财务管理中的应用………………………33
第三节　人工智能技术在财务管理中的应用……………………43
第四节　区块链技术在财务管理中的应用………………………52

第三章　数字化转型背景下的财务管理信息系统

第一节　财务管理信息系统概述…………………………………64
第二节　数字化转型背景下财务管理的信息化…………………75
第三节　数字化转型背景下财务管理信息系统的实施…………81

第四章　数字化转型背景下的财务内部控制与审计

第一节　内部控制与审计的相关概念及发展……………………90
第二节　数字化内部控制的特点及体系设计………………………95
第三节　数字化审计的流程………………………………………109
第四节　内部审计部门的数字化转型……………………………114

第五章　数字化转型背景下财务共享服务中心建设

第一节　财务共享理论概述………………………………………120
第二节　财务共享服务中心的概念与模式………………………124
第三节　财务共享服务中心的建设策略与步骤…………………134
第四节　财务共享服务中心的运营与管理………………………145

第六章　数字化转型背景下的业财融合

第一节　业财融合的定义与意义…………………………………160
第二节　数字化转型对业财融合的影响…………………………167
第三节　数字化转型背景下实现业财融合的策略………………175

第七章　数字化转型背景下的财务智能化发展

第一节　智能化的内涵与机制分析………………………………190
第二节　智能时代的财务转型……………………………………197
第三节　财务管理智能化的应用实践……………………………204

第八章　数字化转型背景下财务管理人才的培养

第一节　数字化转型对财务管理人才的要求……………………216
第二节　数字化转型背景下财务管理人才的培养现状…………224
第三节　数字化转型背景下高校财务管理人才的培养路径……228

参考文献……………………………………………………………242

第一章

数字化转型背景下的财务管理

随着海量数据资源的不断发掘，我们正步入一个全面的数据驱动时代，其涵盖了数据的采集、存储、分析以及应用等多个方面。数据的广泛传播和应用显著提高了整体生产效率，企业也将其视为关键的战略性资产。根据国家发展改革委办公厅、国家数据局综合司印发的《数字经济2024年工作要点》可知，国家将深入推进产业数字化转型，加快推动数字技术创新突破。在这一背景下，如何将大数据技术应用于财务管理转型中，解决实际财务工作难题，成为现代企业财务人员研究的重点。本章作为开篇，着重分析财务管理的基础知识以及数字化转型背景下财务管理创新面临的机遇与挑战。

第一节

财务管理概述

一、财务管理的概念

财务管理是指在既定的总体目标指导下,涉及资产购买(投资)、资金筹集(融资)以及企业运营中的现金流管理(营运资金管理)和利润分配等方面的管理活动。

在市场经济体系中,财务管理被视作企业管理的核心,而资金管理又是财务管理的核心。资金的流动与财务管理是同时进行的。具体而言,财务管理是一项全面性的工作,具有一定的综合属性。这一特点表现在其围绕资金流动进行的管理工作过程中,因资金流动贯穿生产经营的始末,所以财务管理能够全面而系统地反映企业的主要生产经营过程,成为企业主要生产经营过程的一个表现方面。市场经济的发展使企业所面临的环境愈发复杂,这种复杂会进一步延伸至企业的业务和管理活动中。在市场经济条件下,想要有效处理企业管理问题,单一的管理手段是远远不够的,需要一套系统化、综合性的管理方法,这就要求管理者全面考虑、统筹兼顾。财务管理正是这样一种综合性的管理活动,其在现代企业管理中占据了举足轻重的地位。有观点认为,企业管理的核心在于财务管理,而财务管理的核心在于资金管理。资金管理的关键在于如何运用资金,而运用资金的关键在于明智的决策。总而言之,把握了企业财务管理,就相当于把握了企业管理的关键。

二、财务管理的对象、特征与目标

（一）财务管理的对象

财务管理的焦点在于企业生产、运营过程中所涉及的资金流动以及由此产生的财务关系。为了深入理解财务管理的对象，管理者需要对企业在生产过程中的资金流动及其所反映的财务关系进行深入的分析和考察。

企业的资金流动是以货币形式为开端，经历采购、生产、销售等环节，逐步转换其形态，最终又回归货币形态，这一过程被称为资金的循环。资金循环的连续进行即资金的周转，是企业实现价值保持和增长的关键。资金周转的速度是衡量企业资金利用效率的重要指标，周转速度的加快意味着资金使用效率的提升，进而能够提高企业的经济效益。

（二）财务管理的特征

1. 与企业外部环境紧密相关

企业的财务活动与其所处的外部环境息息相关。比如，国家的经济增长周期、政府的财政政策等宏观经济因素，对企业财务决策的制定会产生根本性的影响。因此，财务管理要求管理者能够在既定的外部环境下，结合外部环境的各种条件，在需求与收益、成本与风险之间进行权衡，从而合理调配企业资金，实现企业资金的有效运用。

2. 与企业资产息息相关

企业的运营是以各类资产为核心进行的，其中的资产包括固定资产（如建筑、设备等）和流动资产（如库存、现金和应收账款）。这些资产本质上是由资金转化而来的。在筹资过程中，财务管理人员需研究并设计出最优的筹资方案，以降低筹资成本，同时确保资本效益的最大化，进而推动企业总价值的提升。

3.以对资本的控制和利用为主要手段

企业资本的运用主要包括对实物资产、技术和人力资源的投资。资金的使用是否经济合理,投资的回报是否超过成本以及风险的合理控制,都是财务管理需要关注的重点。财务管理不仅要负责筹措资金,更要在法律允许的范围内对资金进行有效运用。为了优化资本的使用和控制,需要对企业的采购、生产、销售等管理活动进行调整,并利用数据模型进行各种分析,以实现资本的最佳配置。

(三)财务管理的目标

财务管理能够对企业生产经营活动给出直观的结论,其指标以包括货币在内的各种价值形式体现,其目标与企业的经营目标紧密相连。简而言之,盈利是企业经营活动的终极追求,也是衡量企业经营成果和管理者表现的尺度。

深刻理解财务管理的目标至关重要,因为目标引导思路,思路影响方法,而方法决定行动。不同的财务管理目标将导致不同的管理策略,进而形成不同的操作手段和行为模式。

目前,关于财务管理目标国内大致有三种主流观点:其一,追求利润最大化;其二,追求企业价值最大化;其三,追求股东财富最大化。

1.利润最大化

利润最大化是指将获取最大利润作为财务管理的核心目标。这一目标又可进一步划分为追求利润总额的最大化和追求每股收益的最大化。

将利润最大化作为财务管理目标具有一定的合理性。这是因为在市场经济中,企业作为追求利润的经济实体,其利润水平往往直接反映了经济效益的高低。长期亏损的企业,最终只有资不抵债或破产两种结局。想要追求利润最大化,企业只能在降低成本和增加收入两个方向上下功夫,这固然对企业的持续发展具有积极意义,但要注意信息数据的全面可靠。很多企业过分追求财务报表上的利润最大化,甚至将利润作为衡量企业绩效和管理者业绩的唯一标准,这可能会导致报表上的数据无法全面真实地反映企业财务的实际情况，造成企业管理人员对企业财务状况的误判。例如，一些本质上表现良好的企业可能会因为这种单一的评价标准而被错误地评价为表现不佳，这种评价体系也可能诱使管理者采取一些只注重短期效益的行为。将利润最大化作为目标产生的弊端有几种情况，如图1-1所示。

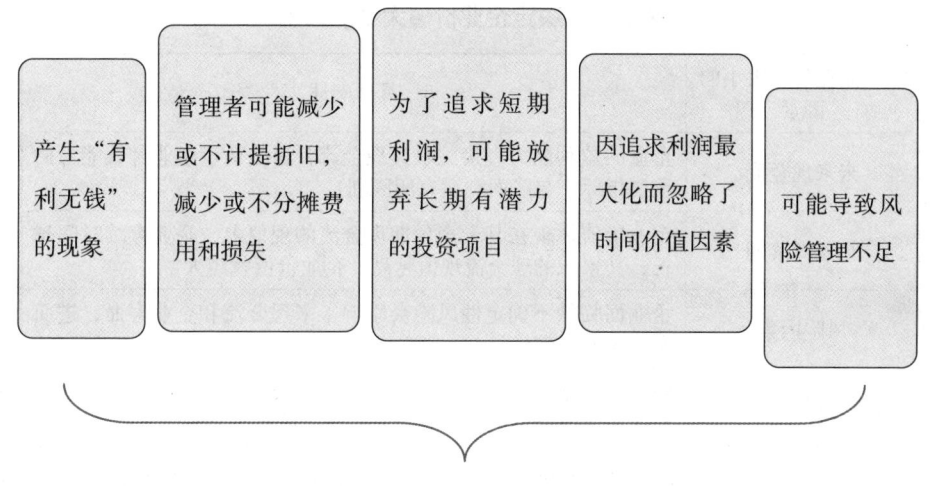

| 产生"有利无钱"的现象 | 管理者可能减少或不计提折旧，减少或不分摊费用和损失 | 为了追求短期利润，可能放弃长期有潜力的投资项目 | 因追求利润最大化而忽略了时间价值因素 | 可能导致风险管理不足 |

图1-1　将利润最大化作为目标产生的弊端[①]

综上所述，将利润最大化作为财务管理目标或经营目标，是对财务管理目标的浅层次认识，也是对企业生存价值和企业经济效益的片面认识。现代财务管理认为，利润最大化并不是财务管理的最优目标。

2.企业价值最大化

企业价值最大化关注的是提升企业的市场价值，这不仅关系着投资者的资本增值，也关系着企业未来能够为投资者带来的回报。企业价值的评估不单是基于当前的利润，更重要的是其潜在的盈利能力。企业价值不是简单的账面资产总和，而是包括有形和无形资产在内的整体市场评价，这种评价基于企业的盈利潜力或预期的现金流。

投资者评估企业价值时依据的是企业未来预期现金流的现值总和，涉

---

① 吴灵辉.财务管理[M].北京：燕山大学出版社，2023：6.

对未来现金流的预测和相应的折现率,后者反映了投资者对风险和回报的预期。企业价值的大小取决于其现金流的多少、实现的速度以及确定性,具体影响因素包括但不限于企业的盈利能力、成长性、风险状况等。具体来说,决定企业价值大小的因素如表1-1所示。

表1-1 决定企业价值大小的因素

决定企业价值大小的因素	具体阐述
未来现金流	企业的盈利能力直接关联其现金流,这是衡量企业赚钱能力的重要指标,与账面利润有所区别
企业持续期	企业价值体现在其未来预期现金流的现值上,企业存续时间越长,其累积的现金流现值越高,企业价值就越大
风险因素	企业面临的不确定性风险会影响未来现金流和企业寿命,进而影响企业价值
其他潜在因素	包括资产增值、市场拓展潜力、资本公积金等,这些因素虽不直接影响近期利润,但对企业长期价值有重要影响

以企业价值最大化为财务管理的核心目标,更能体现企业的长期、稳定和健康发展。此目标的科学性在于如下几点:

第一,客观性。企业价值的衡量基于净现金流量,这一指标较之利润更能真实反映企业的盈利状况。现金流量是企业盈利能力的真实体现,且不易被操纵。

第二,长期视角。企业价值不仅关注当前利润,更着眼于未来盈利潜力。将企业价值最大化作为目标,可以促使管理层从长远角度规划企业的发展,持续寻求新的增长机会。

第三,综合考量。企业价值的评估融合了货币的时间价值和潜在风险。企业通过将不同时间点的现金流折现并汇总,体现了资金随时间变化的价值,同时,在预测未来现金流和设定折现率时,也纳入了风险的考量。

第四,风险与回报平衡。企业价值的最大化需要在追求回报的同时有效管理风险。风险与回报并存,企业必须在二者之间找到平衡点,以确保可持续发展。

总体而言,企业价值最大化是对财务管理目标更深层次的理解和实践,它要求企业在追求经济效益的同时也关注风险控制和长期发展,这是本书所倡导的财务管理理念。

3. 股东财富最大化

股东财富最大化是企业财务管理中追求的目标之一,指通过财务策略的合理运用来为股东带来最大的经济利益。这一目标在推动企业财务健康和增长方面具有积极作用。然而,它也面临着一些挑战和局限性。

首先,它主要适用于上市公司,对于非上市公司来说,其适用性有限,这限制了它的普遍适用性。其次,股票价格受到多种不可控因素的影响,如政策变动、经济环境和投资者情绪等,这些因素超出了企业管理者的控制范围,使目标的实现存在不确定性。此外,股东财富最大化有时会忽视企业的其他理财主体,如债权人和经理人,这与理财主体假设相悖,后者认为财务管理应当在具有独立性的单位组织内进行。同时,过分强调股东利益可能会忽视其他利益相关者,如员工、客户和社区等,这不利于企业的整体和谐发展和市场的全面进步。因此,虽然股东财富最大化是一个重要的财务管理目标,但在实践中需要综合考虑多方面因素,以实现企业的长期稳定发展。

三、财务管理的内容与原则

(一)财务管理的内容

企业的财务管理根植于其生产过程中自然产生的财务行为和相应的财务联系。要想理解财务管理的本质,首先需要深入分析企业的财务运作及其所构建的财务联系。财务管理的范畴涵盖资金的筹集、使用和管理等活动以及这些活动所涉及的内外部财务关系。

1. 企业财务活动

企业财务活动涵盖了企业资金的流入和流出,主要围绕现金的收付展开。在市场经济体系中，保有一定量的资金对于企业的生产经营至关重要。物资的价值反映了其中蕴含的社会必要劳动，而这一价值在货币形式上的表现即企业的资金。企业在经营过程中不断购买和销售物资，同时伴随着资金的支出与回收。随着企业经营活动的持续，资金的收支也相应不断地发生，构成了企业的财务活动。这些活动主要包括资金的筹集、投资、运营和利润的分配等环节，体现了企业资金运动的全貌。

企业的资金运动过程如图1-2所示。

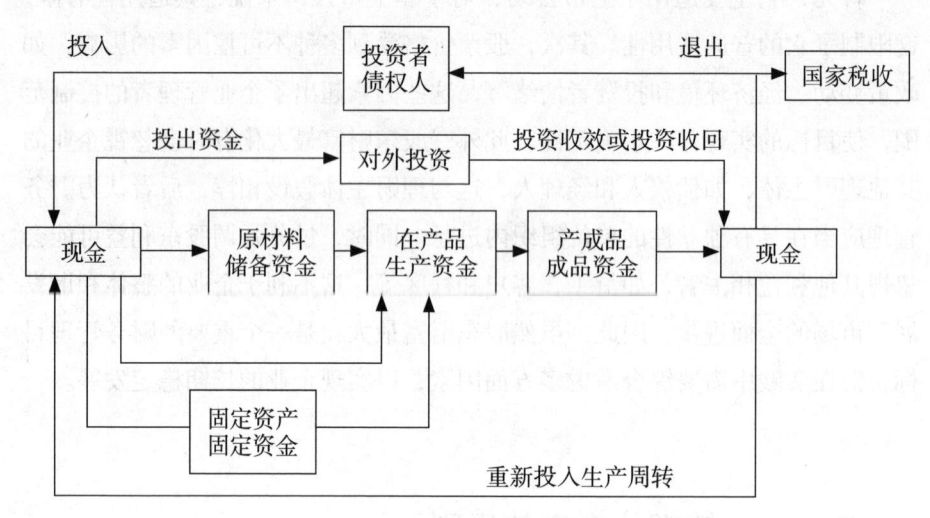

图1-2 企业的资金运动过程[①]

企业财务活动可分为以下四个方面：

（1）企业筹资引起的财务活动——筹资活动

企业财务活动的组成部分之一是筹资活动，它是企业经营的起点，涉及资金的筹集和使用。企业通过直接投资或发行股票、债券等方式筹集所需资金，形成资金收入；通过支付股利、利息、偿还债务等方式构成资金支出。筹资活动的核心是解决如何、何时以及筹集多少资金的问题。

在筹资决策时，财务人员需评估企业资金需求，选择最合适的筹资方

---

① 周彩节，洪小萍.财务管理[M].北京：北京理工大学出版社，2023：3.

式，如股票发行或债务融资，并决定不同筹资方式的比例。同时，需考虑筹资的期限结构（如短期或长期资金）以及偿付的灵活性，确保筹资方案既能满足企业需求，又能控制在可接受的风险范围内，避免因债务问题影响企业的稳定运营。

（2）企业投资引起的财务活动——投资活动

企业的投资活动是财务活动的重要组成部分，旨在通过资金的有效运用来获取盈利并提升企业价值。企业的投资可分为对内投资（如购买固定资产和无形资产）和对外投资（如购买其他企业的股票、债券或进行联营投资）。这些投资活动涉及资金的支出，而资产的出售或投资回报则带来资金的收入。

在进行投资决策时，财务人员需审慎评估，确保有限的资金被投入预期收益最高的项目中。投资的回报通常在将来实现，因此财务人员需要分析投资的资金流入和流出以及回报的实现时间，优先选择回报期短、收益高的项目。同时，考虑到投资的不确定性和风险，财务人员必须评估风险因素，通过风险管理来决定投资选择或组合，以确保投资决策的科学性和企业资金的安全。

（3）企业经营引起的财务活动——营运资金活动

企业在正常的经营过程中会发生一系列的资金收支。首先，企业要采购材料或商品，以便从事生产和销售活动；其次，企业还要支付工资和其他营业费用；再次，当企业将产品或商品售出后，便可取得销售收入，收回资金；最后，如果企业现有资金不能满足企业生产经营的需要，还要采取短期借款方式来筹集所需资金。上述各方面都会产生资金的收支，属于企业经营引起的财务活动。

企业经营引起的财务活动主要涉及流动资产与流动负债的管理问题。其中关键是加速资金的周转。流动资金的周转与生产经营周期具有一致性，在一定时期内，资金周转快，就可以利用相同数量的资金生产出更多的产品，取得更多的收入，获得更多的报酬。因此，如何加速资金的周转、提高资金的利用效率，是财务人员需要考虑的主要问题。

企业的日常运营是财务活动的另一关键领域，主要涉及营运资金的管理。这包括以下几方面：第一，采购材料，为生产和销售活动购买必要的物资；第二，支付费用，包括员工工资和其他经营成本；第三，销售收入，通过销售产品或服务获得收入，实现资金回流；第四，短期融资，在资金短缺时，通过短期借款来满足经营需求。

这些活动构成了企业经营过程中的资金流动，关键在于流动资产和流动负债的管理，特别是加速资金的周转速度。资金周转的加快意味着在相同时间内可以更高效地使用资金，从而提高生产量和收入，增加企业收益。

财务人员需专注于提高资金周转效率，确保资金在采购、生产、销售各环节中的流动性和效益最大化。

（4）企业利润分配引起的财务活动——利润分配活动

企业的利润分配活动是财务活动的重要组成部分，涉及对经营成果的合理分配。企业利润的产生，无论是来自内部经营还是外部投资，都体现了资金的增值和投资回报。利润分配需遵循法律规定和企业政策，包括纳税、弥补亏损、提取公积金以及向投资者分配股利。

在利润分配过程中，财务人员需权衡股利支付率，即决定将税后利润的多大比例分配给投资者。支付率过高可能会削弱企业的再投资能力，错失投资机会；支付率过低则可能引起投资者不满，影响公司股价和市值。因此，财务人员需根据企业的实际情况制定合理的利润分配策略。

企业的财务活动——筹资、投资、营运资金和利润分配——是相互关联、相互影响的。这四个方面共同构成了财务管理的核心内容，包括筹资管理、投资管理、营运资金管理和利润分配管理，它们共同支撑着企业的财务健康和持续发展。

2.财务关系

企业财务关系涉及企业在财务活动中与各方的经济联系，主要包括以下七种关系：

（1）所有者关系。所有者关系指企业所有者（国家、法人、个人、外商）向企业投资并获取相应报酬的关系，反映所有权与经营权的分离。

（2）债权人关系。债权人关系涉及企业向贷款机构、债券持有人等借入资金，并按约定支付利息和归还本金的债务关系。

（3）投资单位关系。企业对外投资，如购买股票或直接投资，与被投单位之间的所有权性质关系。

（4）债务人关系。企业出借资金给其他单位，形成的债权与债务关系，要求债务人按时支付利息和本金。

（5）内部单位关系。企业内部各单位在生产经营中相互提供产品或劳务，实行内部核算的结算关系。

（6）职工关系。企业向职工支付工资、津贴等劳动报酬，体现劳动成果分配的财务关系。

（7）税务机关关系。企业依法纳税，与税务机关之间形成的权利义务关系，确保国家财政收入。

（二）财务管理的原则

在市场经济不断发展的背景下，企业面临着频繁的资金流动和纷繁的财务联系，这要求企业必须进行合理的安排和协调。财务管理的本质即组织财务活动、处理财务关系。财务管理的原则如图1-3所示。

图1-3 财务管理的原则

1.成本效益原则

成本效益原则是企业财务管理的核心，旨在通过比较经济活动的投入与产出，确保成本与收益的最优匹配，实现盈利最大化。这一原则指导企业利用财务指标如资金、成本和收入进行效益分析，从而评估和提升经济效益。

2.收支平衡原则

收支平衡原则是确保企业财务稳健的关键。企业资金的流入和流出是资金循环的关键环节，它们在资金流动中扮演着至关重要的角色。为了确保资金流转的顺畅，企业需要在一定时期内实现收支的总体平衡，并在各个时点上维持资金的协调。

企业的生产和销售活动对资金平衡至关重要。只有确保采购、生产、销售各环节的顺畅衔接和平衡，资金的正常周转才得以实现。为达到资金平衡，企业应采取积极措施，包括增加收入、控制支出，并通过短期融资和投资来调节资金余额。

3.资金结构优化原则

资金结构优化原则强调通过合理调配资金，确保资源配置的最优化，以支持企业的持续和高效运营。企业的物质资源配置及其资金结构体现了资金运用的效率。

合理的资金结构对企业经营活动至关重要，它能够确保业务的顺畅进行并提升经济效益。企业应避免将资金过度投入长期对外投资，从而影响主营业务。同时，企业需平衡长期资金与短期资金的比例，防止资源浪费或资金流动性问题。

在筹资时，企业应合理安排自有资金与负债的比例，充分利用负债经营的优势，同时控制债务风险。对于上市公司，股东还需关注公司的股利政策和股票市场的表现。

资金的合理配置需根据企业的生产和经营需求来进行，以确保长期资金和短期资金的恰当分配。优化资金结构是企业财务管理的基础，对企业的稳健发展至关重要。

4.预见性原则

预见性原则要求企业基于现有资料和科学方法，对财务活动和成果的未来走向进行预测和预算。这一原则对企业的经营和财务决策至关重要，为企业的决策提供了重要依据。

企业需在市场调研和预测的基础上，结合国家政策和理财环境进行产品产量预测，并据此做好资金、成本、利润等财务预测。这有助于评估生产经营活动的经济效益，指导投资决策，选择最优项目。

强化财务预见性对编制财务预算至关重要。投资者在进行投资决策时，应分析企业的资本结构、盈利能力和发展前景，通过财务比率评估企业的安全性和盈利潜力。上市公司的股东还需关注公司的股利政策和股市表现。

为制定切实可行的财务预算，企业必须综合考虑影响预算的各种因素，评估增产节约措施。这为编制财务预算提供了可靠基础，从而能够帮助企业合理安排筹资，确保生产经营的顺畅进行。

5.利益关系协调原则

利益关系协调原则要求企业在财务管理中平衡和协调各方利益，包括国家、投资者、债权人、经营者和员工的合法权益。企业应依法经营，按要求执行财务规章制度，确保经济关系的合理处理。

第一，对投资者，要确保资本安全，合理分配利润，同时提取必要的盈余公积金。

第二，对债权人，要按时还本付息，维护信用关系。

第三，与企业间交易，要坚持等价交换，确保合同的履行，保护各方物质利益。

第四，企业内部要明确经济责任和利益，运用结算手段规范经济行为。

第五，对员工实行按劳分配，将收入与工作表现挂钩。

在处理利益关系时，企业应遵守法律法规，按要求执行国家政策，保障各方利益，同时平衡个人与集体、局部与整体、短期与长期利益。在物质利益分配中，还需加强思想教育，倡导大局意识，避免本位主义和个人主义，确保企业的和谐发展。

6.收益风险均衡原则

收益风险均衡原则强调企业在财务管理中应对风险和收益进行全面考量，确保在追求收益的同时合理控制风险。企业在进行财务活动时必须认识到风险是客观存在的，并在决策中权衡风险与回报。

第一，风险的存在意味着可能偏离预期的收益结果，企业在追求收益时不能忽视潜在的损失。

第二，通常情况下，风险与收益成正比，但企业需根据自身情况和市场环境，平衡需承担的风险与收益预期。

第三，企业在筹资时，如果选择发行债券，则需按期还本付息，承担较高风险；如果选择发行股票，则因股东承担有限责任，企业相对承担的风险较小。

第四，投资者和企业都期望收益与风险相匹配，面对较高风险时，对收益的期望也相应提高。

第五，企业在任何市场状况下都应全面分析决策项目的风险与收益，并采取措施尽可能规避风险，将风险转化为机遇。

第二节 数字化转型的背景与趋势

随着大数据时代的到来，大数据、人工智能等数字技术逐渐成熟，越来越多的企业推进数字化转型，以促进业务向科学化、智能化和高效化发展。

一、企业数字化转型的背景

（一）经济背景

1. 全球数字经济发展势头强劲

随着全球经济增速放缓，受全球地缘政治变化、供应链断裂危机等多重不利因素影响，各国经济的中长期复苏仍具有脆弱性与不确定性，这进一步加剧了国际政治经济格局的演变与调整。

在有限的世界资源和日益激烈的大国竞争背景下，发展数字经济已成为各国应对新形势的战略共识。数字经济被定义为，"继农业经济、工业经济之后的主要经济形态，是以数据资源为关键要素，以现代信息网络为主要载体，依靠信息通信技术融合应用、全要素数字化转型为重要推动力，促进公平与效率更加统一的新经济形态"[①]。

各国纷纷推出中长期数字化发展战略，加快数字经济的建设，以把握新一轮科技与产业变革的机遇。美国政府于2020年10月发布了《关键和新兴技术国家战略》，将人工智能、量子信息科学、人机界面、数据科学与存储等20项技术列为国家最高优先级的"关键和新兴技术"，力争在这些领域保持全球领先地位。欧盟于2021年3月发布了《2030数字罗盘：欧盟数字十年之路》，强调数字化教育与人才培养、数字基础设施建设、公共服务数字化及企业数字化，旨在未来十年构建以人为本、可持续发展的数字社会。与此同时，日本政府积极推进"数字新政"，在中小企业的信息化、后5G时代的信息通信基础设施建设、学校信息通信技术（ICT）应用等方面加大资金投入，致力于加速社会智能化进程，激发中小企业的数字化新活力[②]。

[①] 国务院.国务院关于印发"十四五"数字经济发展规划的通知[J].中华人民共和国国务院公报，2022（3）：5-18.

[②] 国网江苏省电力有限公司财务数字化转型实践创新课题组.财务数字化管理升维：国网江苏电力实践[M].北京：机械工业出版社，2023：48.

2.中国数字产业变革突飞猛进

我国政府对数字经济的发展给予了高度重视。2017年3月,"数字经济"这一概念首次出现在政府工作报告中,标志着数字经济正式成为国家战略。此后,相关政策逐年完善。2018年4月召开的全国网络安全和信息化工作会议强调,中国必须发展数字经济,迅速推动数字产业化,依靠信息技术的创新驱动,不断催生新产业、新业态和新模式,以新动能推动新的发展。

2019年11月,党的十九届四中全会明确提出了推进数字政府建设的目标,旨在通过数字政府的建设来增强政府治理体系和治理能力,以实现现代化改革。随后,在2020年10月,中国共产党第十九届中央委员会第五次全体会议进一步强调了在"十四五"规划期间坚持建设"数字中国"的重要性,并着力推动数字经济与实体经济的紧密结合。2021年,《中华人民共和国国民经济和社会发展第十四个五年规划和2035年远景目标纲要》中特别强调了数字经济的重要性,提出要加速数字化发展,构建数字中国,并针对数字经济的新优势、数字社会建设、数字政府建设以及数字生态的营造进行了战略性规划。2024年7月,国家数据局在中国国际大数据产业博览会新闻发布会上宣布,中国数字经济的发展已经呈现出"五个新"的特点:数据基础制度建设达到了新高度,数字基础设施建设实现了重大突破,数字产业化与产业数字化发展取得了显著成果,数字技术在公共服务领域的应用取得了新的进展,数字经济的治理实践也迎来了新的变革。

数字经济无疑已成为我国经济增长的关键动力。自2005年以来,我国的数字经济价值持续增长,其规模已跃居世界第二,从2005年的2.6万亿元激增至2020年的39.2万亿元。在全球范围内,中国是2020年唯一实现经济正增长的主要经济体,国内生产总值(GDP)持续呈现上升趋势;特别是数字经济领域,以9.7%的高增长率,远超同期GDP名义增速的3.2倍以上。此外,中国信息通信研究院在2024年全球数字经济大会上发布的《全球数字经济白皮书(2024年)》指出,2023年,中国、美国、德国、日本和韩国这五个国家的数字经济总量超过33万亿美元,年增长率超过8%。在该会议上,国家数据局局长还表示,预计2023年中国数字经济的核心产业增加值将超过12万亿元,占国内生产总值的比重约为10%,有望提前实现"十四五"规划的目标。

显而易见，数字经济已经成为我国最具活力、最具创新性、影响范围最广的经济形式，它不仅是推动国民经济持续稳定增长的关键力量，也是国民经济增长的核心领域之一。

（二）技术背景

1.数字化技术发展日新月异

随着客户移动端数据量的不断增长，3G和4G技术已经无法继续满足客户的需要，传输更快的5G技术应运而生。如今，5G技术已经从初期阶段过渡到快速发展期，并且在庞大的数据传输速度加持下，5G技术成功实现了与虚拟现实、人工智能等技术的结合，开始广泛应用于工业、能源、文化、医疗、体育和教育等多个领域，为智能制造、智慧能源、远程医疗诊断、虚拟现实赛事等提供了新的服务和运作模式，有效地改善了公共服务的用户体验并提高了效率。

（1）区块链技术对数字世界的信任机制给出了全新的定义。传统的出生证明、身份证、房产证等需要政府的认证才能得到社会的认可，而区块链技术正在通过代码构建一种低成本的信任方式。随着技术的进步，区块链已经逐步应用于跨境支付、股权登记、公益捐赠、汽车租赁、智能合约、供应链溯源等金融、物流和公共服务领域。

（2）物联网技术正在颠覆人与世界的感知和连接方式。传统的人与人、人与物之间的感知需要以现实世界作为接触媒介，而物联网技术的发展使得网络—人—物之间可以通过各种可能的网络接入数据来实现广泛的连接和远程感知。我国的物联网感知终端已经部署到水、电、煤气等市政设施领域，并广泛应用于智能交通、环境保护、公共安全、能源保障等领域。各种设备如报警器、全球定位系统（GPS）、自动售货机等，对物联网技术的运用已经十分普遍。

（3）人工智能技术使机器和工具能够学会思考。过去，许多基础性和重复性的工作需要依赖人力操作和控制。人工智能技术的出现和发展使机器能够更好地模仿人类行为，甚至包括进化和学习。此外，人工智能技术在独立完成工作的同时能够在各个领域对人力进行辅助，如在翻译、无人驾驶、智能客服等方面，其能够轻易实现与人们社会生活的快速衔接，使生活变得更加高效便捷。

（4）大数据与云技术的出现提高了生产效率。没有数字化技术的加持，人们需要对数据进行整合、分析，并据此做出预测或决策，而大数据和云技术的出现简化甚至省略了这一过程，通过对海量数据的分析，不论是管理者对企业的发展战略，还是企业对用户数据的采集和分析，都将变得更加容易。

2015年，我国在世界知识产权组织登记在册的专利数量排名第29，随着新兴技术的出现和不断发展，到2020年，我国的这一排名来到第14位。2022年，我国在信息技术领域的专利数量超过3万，接近全球相关专利总数的4成，这标志着我国在关键数字技术领域的研发和应用已经处在世界前沿（《数字中国发展报告（2022年）》）。2023年，这一态势在更加完善的治理体系下，基础更加坚实，赋能效应更加明显，相关技术的规范和安全得到了进一步的保证（《数字中国发展报告（2023年）》）。

2.数字化技术应用愈发成熟

2021年9月26日，习近平在致2021年世界互联网大会乌镇峰会的贺信中指出："数字技术正以新理念、新业态、新模式全面融入人类经济、政治、文化、社会、生态文明建设各领域和全过程，给人类生产生活带来了广泛而深刻的影响。"2023年11月8日，习近平向2023年世界互联网大会乌镇峰会发表视频致辞，他指出："我们要深化交流、务实合作，共同推动构建网络空间命运共同体迈向新阶段。"从中可以看出，新兴技术与实体经济的融合正在为国家、城市与企业带来发展新机遇。

（1）国家政府方面

在数字经济时代，全球政府正加速推动服务数字化，其中美国、英国、丹麦和爱沙尼亚等发达国家在数字政府建设方面尤为突出。爱沙尼亚，尽管人口仅135万，却以其高效的数字服务体系领先全球，其公民广泛使用电子身份证进行线上投票、报税、签名和户籍管理等，甚至能在短短5分钟内在线成立企业。

中国虽然在数字政府建设上起步较晚，但发展势头强劲。根据《2020

年联合国电子政务调查报告》，中国的电子政务发展指数（ECI）在两年内跃升20位，达到全球第45名，标志着中国首次迈入高政务发展国家行列。《2023年联合国电子政务调查报告》显示，中国的EGDI得分从2008年的0.5017增长至2022年的0.8119，全球排名进一步攀升至第43位，反映出中国在电子政务领域的快速进步和持续发展。

（2）城市建设方面

随着社会的不断进步，城市化进程加速，根据联合国数据统计，预计到2050年，全球将有25亿新增城市人口。这一增长趋势对城市的承载力提出了更高要求。智慧城市的兴起正是在这样的背景下，通过数字化技术和创新应用，不仅提升了城市的居住品质，也为解决可持续发展问题提供了有效途径。各级政府正通过制定政策来积极促进数字经济的繁荣，以南京市为例：政府印发的《南京市数字经济发展三年行动计划（2020—2022年）》明确了南京市数字经济的发展思路、发展目标以及主要任务等事项，用"数据决策、数据服务、数据创新"建设数字孪生城市，以数据资源开放释放"数字红利"，实现民生服务智慧化、普惠化。[①]

（3）企业发展方面

企业发展正受到新兴技术的显著影响，这些技术不仅催生了数字原生型企业如互联网电商、社交平台、数字金融和智能物流等新业态的兴起，也为传统商业模式带来了革新。例如，医药行业正通过智能设备收集的消费者健康数据来定制预防策略和治疗建议，而能源行业则利用人工智能和大数据分析来提高从生产到消费的全链条效率。

随着技术变革的不断深入，全球企业市值排名已经显现出科技企业的崛起，从波士顿咨询公司的数据来看，十年前仅有一家科技企业位列全球市值前十，而如今已上升至七家。这一转变凸显了技术创新在推动行业发展中的核心作用。

在数字经济的浪潮中，不仅能源技术与新兴技术的融合成为必然趋势，财务管理领域也亟须进行数字化转型以适应这一变革，把握创新发展的机遇。

---

① 国网江苏省电力有限公司财务数字化转型实践创新课题组.财务数字化管理升维：国网江苏电力实践[M].北京：机械工业出版社，2023：58.

二、财务数字化转型的趋势

（一）数字化潮流给财务管理带来的变革

数字化浪潮深刻地改变了企业的财务管理，具体体现在以下几个方面：

第一，财务管理模式的革新。企业正从传统的分散或集中式财务管理模式转向建立财务共享中心和业务伙伴（BP）模式。在未来，前后台分离的模式可能会成为主流。

第二，财务管理能力的提升。企业不再仅仅依赖核算型财务能力，而是需要培养包括财务分析、网络安全管理以及商业思维在内的综合能力。

第三，财务管理方式的转变。财务管理的重点从传统的对人、物、财的管理转向战略、资本和市值管理，这要求财务价值评估指标的更新。

第四，财务管理平台的升级。随着通信和计算机技术的快速发展，财务信息系统正在经历升级，企业财务基础设施将基于数字化重构，新的信息化技术系统架构将取代旧有架构。

第五，管理思维的更新。现代财务管理正从传统的管控思维转向赋能和主动性思维，企业通过平台化支持员工自主工作，促进员工的自我发展和成长。

总体来看，数字化不仅推动了财务管理的技术创新，也促进了管理理念和实践的全面革新。

（二）数字化背景下财务发展的趋势

1. 财务管理信息化

财务管理信息化通过应用先进的信息技术和管理手段，实现了对财务数据的集中管理，这不仅促进了企业财务管理的标准化和制度化，还加强了对子公司的财务监管，提高了业务透明度和结果的合理性。同时，它明确了操作要求，降低了管理成本，从而增强了企业的市场竞争力。

智能财务体系是当前财务领域的热点，其对业务流程的优化效果与信息技术的发展水平紧密相关。信息技术水平的提升不仅使智能财务体系的优化作用更加显著，也推动了管理方式的创新。这种技术的应用不仅提升了企业的战略价值，而且随着财务领域需求的增长也推动了信息技术和IT产业的进一步发展。

2.财务决策智能化

数据科学是一种综合性技术，它运用多学科知识和技术手段分析数据，挖掘其中的价值，是一门致力于通过数据驱动决策的科学。具体来说，数据科学对企业管理决策主要有以下四个方面的影响，如表1-2所示。

表1-2　数据科学对企业管理决策的四大影响[①]

影响层面	具体内容
决策参与度	企业管理决策的参与者从高层领导到基层员工都包括在内，这使决策过程更为复杂，选择更为多样化
决策权结构	数据科学的应用有助于简化管理层级，推动组织结构向扁平化发展，并清晰界定决策权的分配
决策方式	数据科学促进了从依赖直觉到基于数据的决策转变，通过分析大量数据揭示潜在价值和风险，从而提升了决策的精确度，降低了不确定性
决策环境	技术的进步，特别是数据科学，不仅优化了企业的决策手段，而且强化了数据在决策中的核心作用，推动了企业管理模式的创新和变革

3.财务数据共享化

（1）智能财务面临发展困境，数据孤岛现象明显

财务数据共享化正面临数据孤岛的发展瓶颈。我国众多企业尚未建立集中的数据管理平台，这导致生产、销售、服务等业务环节的数据难以实现统一管理，业务数据和标准不统一，形成了信息共享的障碍，制约了智能财务管理的进步。

为解决这一问题，企业需扩大信息技术在财务管理中的应用，加强二者

---

① 鲍凯.数字化财务：技术赋能+财务共享+业财融合+转型实践[M].北京：中国经济出版社，2023：17.

的融合与创新。利用先进的计算机技术，企业可以推进财务管理方式的革新，建立财务共享服务中心，促进财务管理的转型升级，进而提高数据共享的效率和财务管理的整体效能。

（2）财务共享化价值日益凸显，促进了业务规范和标准的统一化

在全球经济一体化的背景下，企业财务部门正逐步强化决策支持功能，实现从传统财务会计到管理会计的重要转变。这一转变旨在更好地满足企业在业绩核算、预算控制、运营协调和风险预测等方面的需求，为稳定运营和价值创造提供坚实的支撑。

大数据、云计算、人工智能和移动互联网的快速发展，为财务职能的转型和价值创造提供了机遇，同时带来了挑战。企业可以通过建立财务共享服务中心，确立统一的财务服务标准，优化业务布局和管理流程，实现数据的集中管理，从而提升业务部门在执行标准时的规范性和一致性。这不仅有助于提高财务工作效率，也是企业适应市场变化、实现可持续发展的关键策略。

4.财务核算全流程自动化

数字化技术正在实现财务核算的全流程自动化，将财务处理从传统的事后记录转变为实时智能核算。财务机器人现可自动执行账务处理、报表编制、纳税申报等标准化、重复性高的任务，通过自动触发规则来实现计量、记录、监控、预警、报告和稽核的自动化。这使财务人员能够专注于规则的识别和优化，同时确保财务信息的时效性、监控的连续性和预警的准确性。

5.业财管理一体化

在数字化时代，业财管理一体化正成为财务管理的新趋势。这种模式通过实现财务与业务的实时融合，消除了传统模式中的信息断点，使会计信息采集与业务活动同步进行，从而确保了财务信息的高效核算和服务质量。

此外，业财一体化还打破了信息壁垒，实现了跨部门和跨领域的数据整合与验证，增强了数据的深度和广度，构建了一个从采集到反馈的完整数据循环，为全面展示企业的经营状况和提升决策的准确性与科学性提供了有力支持。

第三节

数字化转型背景下
财务管理创新的机遇、问题与挑战

数字化转型是当代企业发展的关键趋势，它涉及利用数字技术全面改造企业的业务流程、产品服务和组织文化。在数字化转型背景下，企业财务管理亦面临着诸多的机遇、问题与挑战。

一、数字化转型背景下财务管理创新面临的机遇

随着数字经济的蓬勃发展，企业财务管理正在经历一场深刻的变革。从会计电算化到财务信息化，再到当前的财务智能化，企业正逐步实现财务4.0阶段——生态型财务管理，这一转型大大提高了财务核算工作的效率。总体而言，在数字经济时代，财务管理正站在变革的前沿，迎来前所未有的发展机遇，主要体现在以下几个方面：

（1）产业链金融的兴起：企业财务管理的视野正在从企业内部扩展到整个产业链条和生态圈。通过构建健康的内外部财务生态，企业能够更有效地整合优化产业链，实现资金、资产与资源的合理配置和高效流转。

（2）财务职能的转型与扩展：财务部门正从传统的交易记录和核算监督角色转变为决策支持和价值创造的伙伴。

（3）实时财务报告与风险管理：数字化技术使企业能够实现财务数据的实时采集、核算与分析，提供实时、多样化的财务报告。同时，利用先进的

算法和模型，企业能够对财务风险进行自动识别和提前预警。

（4）生态型财务管理的构建：在数字化时代，财务管理将发展为生态型，聚焦于产业生态价值的创造。企业财务管理不仅服务于内部运营，还会与外部环境进行互动，从而构建起一个开放、协同、共享的财务生态系统。

（5）政策支持与规范引导：国家政策的支持和引导为财务管理的数字化转型提供了方向和动力。政策的推动有助于加快企业在财务智能化、产业链金融等方面的发展，促进企业构建与现代企业制度相匹配的财务管理体系。

总体而言，数字经济时代为财务管理提供了广阔的发展空间和丰富的机遇。企业需要把握这些机遇，通过技术创新、职能转型、生态构建和人才培养等措施，实现财务管理的现代化和数字化，为企业的持续发展提供支持。

二、数字化转型背景下财务管理创新面临的问题与挑战

在数字化时代，财务管理创新面临着多重挑战，这些挑战既包含技术层面的更新，也涉及管理理念与实务操作的变革。目前为止，数字化转型背景下财务管理创新面临的问题与挑战总结如下：

（一）管理者对财务数字化转型不够重视

企业管理者对财务数字化转型的重视不足是推进过程中的主要障碍。许多管理者缺乏对数字经济的深刻理解，未能认识到数字化转型对企业增值和把握发展机遇的重要性，也未意识到转型的必要性。一些管理者错误地将财务数字化等同于简单的数据数字化处理，忽视了数据深度挖掘的价值。即便认识到数字化对长期发展的好处，但转型是一个长期且复杂的工程，短期内效果不明显，加之管理者可能更注重短期利润，导致缺乏推动转型的积极性。

（二）业务财务融合不够深入

业务与财务融合的不足是企业数字化转型中的一大障碍。有效的数据收集、整合、分析和应用是转型成功的关键，而这需要业务部门和财务部门的紧密结合。然而，实际工作中存在诸多问题。

第一，财务人员参与业务活动常遭业务部门抵触，担心过度干预；同时，财务部门因融合而感到工作负担加重。

第二，各部门因业务性质和目标不同而使用独立的系统，导致系统间不兼容，数据对接困难，业务流程不顺畅。

第三，信息共享不充分，部门间缺乏及时的信息交流，容易形成信息孤岛。

以上问题都严重阻碍了业务与财务的深度融合，要解决这些问题，企业需要加强跨部门的协作，推动系统间的整合，改善信息共享机制，从而促进业务与财务的有效融合，加速数字化转型的步伐。

（三）财务数字化人才不够充足

财务数字化转型的成功在很大程度上依赖于具备专业财务知识和数字技术能力的复合型人才。然而，目前企业普遍面临这类人才短缺的问题。

第一，财务人员以往侧重于对会计准则和法规的应用，而数字化时代要求他们同时掌握先进的数字信息技术。

第二，企业在招聘时往往忽视对数字技能的考查，并且未能提供能够吸引财务数字化人才的薪资和激励机制。

第三，为现有的财务人员提供的数字技术学习机会相对匮乏，缺少鼓励员工提升数字技能的奖惩制度。

以上问题导致财务人员在数字化技能上的不足，严重制约了企业财务数字化转型的进程。企业需要重视人才的培养和发展，以确保财务数字化转型能够顺利进行。

简言之，伴随经济全球化、企业国际化、科技进步和管理变革，一方面，复杂多变的商业环境对财务及时性、准确性、有效性的要求与日俱增，另一方面，传统分散的财务管理模式在政策制度、流程标准、操作规范、人员能力等方面的参差不齐造成了财务运行成本高、效率低、风险频发，财务组织变革势在必行。唯有抓住机遇、克服困难、迎接挑战，才能顺利实现财务管理创新的目标。

第二章

数字化转型背景下财务管理的技术应用

在当前数字时代，数字化让人们得以潜入浩瀚的数据海洋，提炼与整合信息，精准且科学地做出决策。这一变革不仅深刻地重塑了商业策略的布局、科研探索的路径，更潜移默化地渗透到了企业财务管理中。数字化转型背景下的财务管理要求管理者不仅要有敏锐的洞察力，去捕捉数据中的微妙变化；更要有开放的心态，去接纳并理解数据的多元性与复杂性。

结合数字化转型的宏观社会背景，本章重点就大数据技术、云计算技术、人工智能技术以及区块链技术在企业财务管理中的应用进行系统解析，以帮助企业管理者和财务人员更好地把握数字化转型趋势，在财务管理领域应用数字技术，优化财务管理。

第一节 大数据技术在财务管理中的应用

一、大数据概述

（一）大数据的概念

关于大数据（Big Data）的概念，学术界暂无统一的标准，从大数据的研究历史来看，最早将"大数据"概念引入公众视野的是颇具影响力的麦肯锡咨询公司。这一具有前瞻性的提出标志着数据分析迈入了一个全新的纪元。与传统数据概念相比，大数据分析展现出两大鲜明特征：一是数据量庞大，远超以往任何时期；二是数据类型广泛，涵盖了结构化、半结构化乃至非结构化等多种形态，极大地丰富了数据处理的边界。因此，大数据不仅代表了数据处理量的飞跃，更是数据分析技术前沿的璀璨明珠，引领着信息时代的深刻变革。

（二）大数据的类型

大数据以其独特的属性与多样化的来源，可精细划分为几大类核心数据类型。这些类型具体包括如下三类：

1. 结构化数据

结构化数据恪守既定的规则与格式，井然有序地以表格形式栖身于关系型数据库中，其行与列结构清晰明了。企业资源规划（ERP）系统、客户关系管理（CRM）系统等关键业务系统中的数据记录便是结构化数据的典型代表。

2.半结构化数据

相较于结构化数据，半结构化数据虽未严格遵循统一模板，但仍展现出一定的组织性与标识性，使数据的特定片段能被轻松识别并解析。电子邮件正文、JSON及XML文档等常见形式正是通过元数据或标签的辅助让数据内容更加易于理解。

3.非结构化数据

非结构化数据则如同自由飞翔的鸟儿，缺乏固定的结构框架，难以直接融入关系型数据库的怀抱。它们以文本、图像、声频、视频等多种形态呈现，广泛存在于社交媒体的用户动态、企业的内部文档库及客户反馈中。

随着大数据技术的日新月异，针对半结构化及非结构化数据的处理能力正以前所未有的速度增强。这背后是这些数据中蕴含的丰富信息价值与深刻商业洞察的驱动，它们对于企业的战略规划与业务扩张具有不可估量的促进作用。

（三）大数据的特点

与传统数据相比，大数据表现出对数据处理的多、杂、好等优势，具体表现为数据视野更广、能处理复杂数据、对数据的分析和提炼更精练。[1]

1.大数据拥有全体数据的广阔视野

大数据与传统数据处理存在核心差异，简单来说，大数据摒弃了随机样本的局限，转而拥抱全体数据的广阔视野。

具体来说，在大数据出现以前，人们受限于计算机技术的不成熟与资源

---

[1] 邱涵，张丽，李晨光.智能时代财务会计管理转型研究[M].延吉：延边大学出版社，2022：48.

的稀缺，面对庞大的数据量，不得不采取折中之策——抽样分析，即通过精心挑选的样本群体来窥探整体的轮廓，并据此进行推断。诚然，统计学的精妙为这一方法奠定了坚实的理论基础，但在技术条件允许的前提下，直接对全体数据进行深度剖析，无疑能提供更加全面、准确的结果，远胜于基于样本的间接推断。因此，随着科技的飞跃，大数据技术一经成熟便自然而然地倾向于将全体数据作为分析对象，实现了从样本到总体的跨越式进步。

2.大数据具有多样性与混杂性

与结构严谨、格式统一的结构化数据相比，非结构化数据具有不规则、不完整、难以用传统数据库模型描述的特性。从日常企业数据管理实践过程中不难看出，从办公文档到图片，从增值税发票到合同条款，数据的形态千差万别，而正是这些看似杂乱无章的数据构成了大数据的广阔海洋。

值得注意的是，尽管结构化数据在精准度上占据优势，但在大数据的汪洋大海中，非结构化数据才是绝对的多数。若不能有效处理这些"杂"数据，那么大数据的"大"也就无从谈起。

3.大数据能对数据进行更精确的提炼

与传统的因果思维不同，大数据更加注重数据之间的相关性。它摒弃了烦琐的因果链条分析，转而追求数据间的直接联系与规律。

实用主义的取向使大数据能够迅速捕捉到市场趋势、用户行为等关键信息，为企业的战略决策提供了有力支持。通过建立相关性模型、挖掘数据背后的规律与趋势，大数据正以前所未有的方式改变着我们的世界。

二、大数据技术对财务管理的积极影响

大数据技术的崛起为数据分析领域注入了变革的强劲动力，开启了数据分析的新纪元。对于现代企业而言，这不仅是一次技术的革新，更是一场管理思维与策略的全面升级。企业可以充分利用大数据技术这把精密的筛子，过滤出与企业自身紧密相关、价值连城的信息。在财务管理领域，大数据技

术更是展现出了其独特的价值。它使企业能够实时监控财务状况，进行精准的成本控制与预算管理，提升资金运作效率。同时，基于大数据的财务预测与分析，能够为企业战略决策提供有力支持，降低经营风险，确保企业稳健前行。

依托大数据，通过构建智能财务系统，企业能够实现财务数据的实时监控与智能分析，让财务管理更加精准、高效。这种智能化的转变提升了企业财务管理的水平，为企业的战略决策提供了强有力的数据支持，能够助力企业在激烈的市场竞争中脱颖而出。

三、大数据技术在财务管理中的具体应用

在财务管理的日常运作中，数据扮演着记录企业内部经济活动资金流转的重要角色，这些数据如同指南针，为决策者指明方向。引入大数据技术，就如同为财务管理装上了敏锐的雷达，能够迅速捕捉到潜在的风险点，同时提升数据处理的精度与效率。

大数据技术在企业财务管理中的具体应用主要表现在统筹把握财务状况、精准校验财务数据、高效处理财务数据三方面，如图2-1所示。

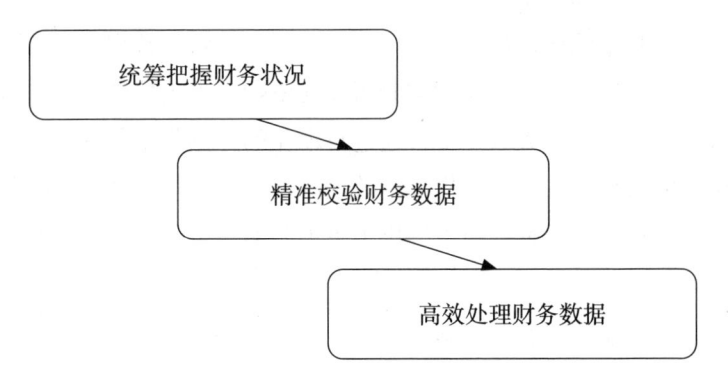

图2-1 大数据技术在财务管理中的具体应用

（一）统筹把握财务状况

现代企业的运营产生了海量的财务数据，如果仍依赖传统的票据和纸质管理方式，就好比用放大镜看世界，难免会有遗漏和盲区。

大数据技术可以海量查找并处理信息，能够全方位、无死角地记录每一笔资金的流动。通过这些详细的数据，管理者可以清晰地看到企业的盈利与亏损、收入与支出的全貌。

可见，大数据技术赋予了财务管理者更加全面的视角与洞察力。通过对海量财务数据的深度挖掘与分析，企业可以更加清晰地了解自身的财务状况、经营成果及市场地位，进而制定更加科学、合理的财务战略与经营决策。这种基于大数据的财务管理模式提升了企业的竞争力与盈利能力，为企业的可持续发展奠定了坚实的基础。

（二）精准校验财务数据

大数据不仅是记录数据的能手，更是校验数据的专家。它们能够对往来的财务数据进行严格的核对与查验，就像是用显微镜查找瑕疵一样，不放过任何一丝错误与漏洞。通过对比不同年份、不同部门的数据，可以迅速发现异常点，为企业的财务健康保驾护航。同时，这些技术能对财务人员的行为进行规范，无形中加大了财务审计的力度，确保每一笔资金都用在刀刃上。

此外，大数据的应用还显著降低了人为因素导致的数据失真风险。在手工记账时代，数据的录入、整理与分析往往依赖于人工操作，这一过程中难免会出现疏忽或错误。大数据平台通过自动化的数据收集与处理流程，减少了人为干预的机会，从而大大提高了数据的准确性与可靠性。这种基于客观事实的数据分析为企业财务决策提供了更加坚实、可信的数据支撑。

（三）高效处理财务数据

与传统的手工账相比，大数据的应用无疑给财务管理领域带来了一场深刻的变革，使这一过程变得前所未有的灵活与高效。在大数据技术的驱动下，财务管理不再局限于烦琐的手工记录与计算，而是借助云端强大的计算与存储能力，实现了对海量、复杂财务数据的即时捕捉与深度分析。这一过程就如同为传统财务管理模式装上了涡轮增压器，极大地提高了数据处理的速度与精度。

大数据技术通过高效的数据处理算法与并行计算能力能够在极短的时间内完成以往需要数日甚至数周才能完成的财务数据分析任务。这种速度上的飞跃为企业节省了大量时间与人力成本，使财务管理者能够更加迅速地响应市场变化，并及时做出调整。

第二节 云计算技术在财务管理中的应用

一、云计算概述

（一）云计算的概念

云计算（Cloud Computing）是一种基于互联网的计算方式和服务模式，是传统计算机和网络技术发展融合的产物。

美国国家标准与技术研究院（NIST）在开展云计算技术的研究过程中将云计算技术界定为一种基于使用量的付费模式，该模式可以通过便捷且按需的网络访问方式，将用户接入一个可灵活配置的计算资源共享池中。这一资源共享池涵盖了网络、服务器、存储设施、应用软件及多种服务，其特点在于能够迅速响应需求，提供所需资源，同时要求的管理工作量极少，与服务供应商的交互也保持在较低水平。[①]

云计算有广义和狭义之分：广义的云计算指服务的交付和使用模式，即通过网络以按需、易扩展的方式获得所需的服务，如IT和软件、互联网相关服务或其他类型的服务；狭义的云计算指IT基础设施的交付和使用模式，即通过网络以按需、易扩展的方式获得所需的资源（硬件、平台、软件）。提供这些资源的网络被称为"云"，在使用者看来，资源是可以无限扩展的，并且可以随时获取、按需使用。

（二）云计算的特点

云计算技术的出现深刻改变了数据处理的传统模式，极大地推动了全球的数字化进程。其强大的扩展性和必要性在当今这个数据爆炸式增长的时代显得尤为重要。具体来说，云计算具有以下显著特点：

1.信息共享的便捷性

云计算的核心优势之一在于其打破了传统信息系统中的数据孤岛现象，实现了数据在设备与应用程序之间的无缝共享。

在云计算的架构下，数据不再局限于单一设备的存储空间，而是被统一存储在云端——这个虚拟的、高可用性的数据中心。用户只需通过稳定的网络连接和适当的授权便能跨越地域和时间的限制，随时随地访问、获取、使用甚至修改存储在云端的数据。

云计算的便捷性不仅极大地提升了数据传输与采集的效率，还促进了信息流通的速度，使团队协作更加紧密，使决策过程更加迅速，从而全面提升了工作效率与生产力。

2.资源存储的无限扩展性

云计算依托于互联网大数据的广阔背景，展现出了对海量数据的惊人的存储与处理能力。它不再受限于单一物理设备的存储容量和计算性能，而是

[①] 谢新文.论大数据和云计算技术在企业财务管理中的应用[J].金融经济，2015（7）：204-205.

通过虚拟化技术将众多计算资源、存储资源和网络资源封装成一个独立的虚拟环境，形成一个庞大的资源池。这种资源池能够根据用户的需求动态调整，实现资源的按需分配和弹性扩展。对于企业而言，这意味着无须再担心数据量激增而导致的存储瓶颈或性能下降等问题，而是能够灵活应对各种业务场景，确保数据的安全、可靠与高效管理。

3.安全隐患的复杂性

不可否认，云计算为现代数据与资源管理带来了诸多便利，但与此同时，云计算也存在不容忽视的安全隐患。这些隐患主要源于"云"外部和"云"内部两个层面。

"云"外部的安全隐患包括但不限于数据控制力度不足、数据丢失风险增加、黑客攻击频繁以及信息泄露等问题。"云"内部的安全隐患主要表现为不同企业甚至同一企业内部的不同部门可能共享同一套物理基础设施，这就要求云计算平台必须具备强大的数据安全隔离能力，确保每个用户的数据不被非法访问或篡改。

对于企业自身来说，为了应对云计算存在的一些不可避免的安全隐患，企业应建立完善的数据分类与分级保护制度，明确数据访问权限，定期审查用户权限设置，防止内部人员误操作或恶意行为导致的数据泄露。

二、云计算技术优化财务管理的可能性

云计算技术凭借其强大的数据处理与分析能力，能够对企业海量的财务数据进行深度挖掘与多维度分析。通过这些分析结果，企业可以更加清晰地了解自身的财务状况、经营成果与潜在风险，为管理层和决策层提供全面、准确、及时的财务信息支持。这不仅有助于企业做出更加科学合理的经营决策与战略规划，还能够为企业的持续发展奠定坚实的财务基础。财务管理引入云计算技术后可以引发如下改变：

（一）财务数据的实时共享

云计算平台以其强大的网络连接能力和数据集中存储特性，彻底打破了地域与时间的限制。无论是身处公司总部还是分支机构，无论是财务部门、业务部门还是高层管理团队，都能够通过安全的云端接口实时访问并共享最新的财务数据。这种即时性的信息共享机制极大地促进了部门之间的沟通与协作，减少了信息传递的延迟与误解，确保了财务决策的快速响应与精准执行。同时，它为企业内部审计与监控提供了便利，确保了财务数据的透明度和合规性。

（二）减轻财务人员的工作负担

在传统财务管理模式下，财务人员往往需要花费大量时间处理烦琐的数据录入、核对、报表编制等重复性劳动。而通过引入云计算技术，应用自动化与智能化财务管理系统将极大地减轻这一负担。系统能够自动完成数据收集、整理、校验等基础工作，并能快速生成各类财务报表与分析报告。这不仅提高了工作效率，还显著降低了人为错误的风险。

更重要的是，云计算让财务人员得以从繁重的日常工作中解脱出来，从而有更多的时间和精力投入更具价值的财务分析与战略规划中去，为企业的长远发展贡献智慧与力量。

（三）降低财务管理成本

云计算的按需付费模式为企业带来了前所未有的成本效益，企业无须再为高昂的IT基础设施建设和维护费用而烦恼，只需根据自身业务需求灵活调整云端资源的使用量即可。这种灵活的计费方式不仅避免了传统IT投资中的"过度配置"与"资源闲置"的问题，还使企业在面对市场变化时能够迅速调整策略，降低财务风险。此外，云计算服务商通常会提供全面的技术支持与维护服务，进一步减轻企业的运维压力与成本支出。

（四）安全隐患的技术化规避

数据是企业最宝贵的资产之一，而财务数据更是企业运营的核心机密。因此，确保财务数据的安全性与合规性是企业不可忽视的重要任务。云计算技术在企业财务管理中的应用虽然存在安全隐患，但正在从技术、制度、法规等方面予以规避，以确保企业云计算技术的安全应用。

1. 更安全的数据处理技术

一些云计算服务为提高数据的安全性往往会在全球范围内建立多个先进的数据中心，这些数据中心采用了最新的硬件设施和技术标准，如高性能的服务器、高速的网络连接以及严格的环境控制系统等。这些设施保证了数据的物理安全，提供了强大的计算能力和存储空间，为财务数据的处理与分析提供了坚实的基础。例如，亚马逊AWS、微软Azure等全球领先的云计算平台均拥有遍布全球的数据中心网络，能够为企业的财务管理提供全球范围内的数据安全保障。

为了进一步保护财务数据的安全，云计算服务商通常采用多重加密技术对数据进行加密处理。这些加密技术包括但不限于SSL/TLS传输层加密、AES对称加密以及RSA非对称加密等。应用这些加密技术，即使数据在传输过程中被截获或在存储时被非法访问，也无法被轻易解密，从而可以确保数据的机密性。

2. 更规范的安全管理制度

除了技术层面的保障以外，云计算服务商还建立了严格的安全管理制度来确保财务数据的安全。这些制度包括但不限于访问控制、身份认证、安全审计、应急响应等。通过实施这些制度，云计算服务商能够对企业用户的访问行为进行严格的监控和管理，防止未经授权的访问和数据泄露。

此外，当企业所使用的云计算技术发生安全事件时，服务商还会迅速启动应急响应机制，采取有效措施来减少企业的损失。

3.更严格的行业法规与标准

现阶段，随着全球范围内数据保护法规的不断完善，企业在处理财务数据时有了需要更加严格遵守的相关法规和标准，这有利于整个行业形成安全的网络环境。例如，对于欧洲地区的企业而言，GDPR（通用数据保护条例）是必须遵守的重要法规之一。云计算平台可以通过自动化工具对存储在云端的数据进行扫描和分析，确保数据的收集、处理、存储和传输都符合GDPR的要求，帮助企业把好数据安全关。

三、云计算技术在财务管理中的具体应用

在当今数字化时代，财务数据的精确性不仅是企业财务管理的基石，更是使企业决策更具科学性与竞争力的关键所在。因此，将云计算技术深度融入企业财务管理流程，构建一套高效、智能、安全的基于云计算的财务管理体系，已成为企业转型升级的必然选择。

（一）构建系统化的企业财务体系

企业财务管理引入云计算技术，能充分利用云计算技术的弹性计算资源、海量存储能力及高级数据分析技术，构建一个集数据采集、存储、处理、分析、展示于一体的全方位财务管理平台。

利用云计算技术，企业数字化财务管理能够实现自动收集来自企业各个部门、各个业务环节的财务数据，包括但不限于财务报表、交易记录、成本预算等，从而能够形成一个全面、实时的财务数据中心，如图2-2所示。

数字化转型背景下财务管理的技术应用 第二章

```
构建系统化的企业财务体系 ─┐         ┌─ 财务数据的自动化管理
财务数据的透明化溯源     ─┤  云计算  ├─ 财务数据的集中化存储
财务数据的精准化处理     ─┤         ├─ 财务管理的多用户协作
财务数据的分析与监测     ─┘         └─ 安全的财务管理防线构建
```

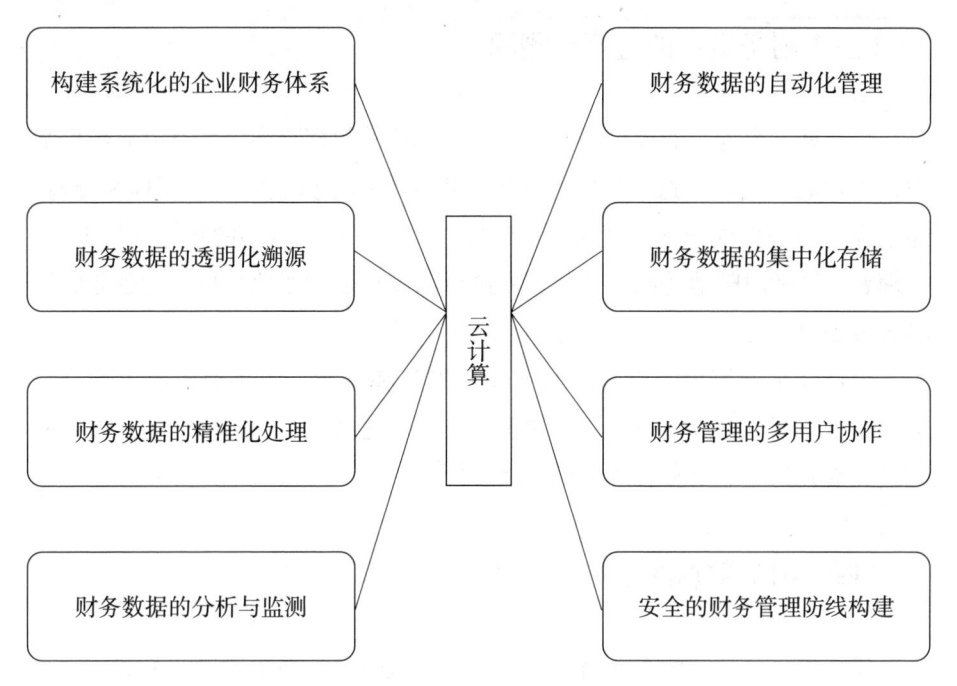

图2-2　云计算技术在财务管理中的具体应用

（二）财务数据的自动化管理

云计算技术的引入彻底革新了财务预算的传统处理方式。它不仅实现了预算编制、执行监控、结果分析等各个环节的自动化，还通过预设的算法和规则，自动调整预算分配，以应对市场变化和业务需求。

例如，财务报表的自动化生成不仅有助于大幅提升财务人员的工作效率，还能有效减少一些人为错误，确保预算的准确性和合理性。同时，自动化的报告生成功能让管理者轻松了解预算执行情况，从而及时发现问题并采取措施。

再如，借助云计算技术，财务报表还可以实现生成和更新的实时化。系统能够自动从各个数据源抓取数据，并按照预设的格式和模板生成财务报表。这种实时更新的机制确保了数据的准确性和及时性，让管理者能够随时掌握企业的财务状况和经营成果。

39

（三）财务数据的透明化溯源

云计算平台为企业提供了一个安全、可靠的数据仓库，所有财务数据都被集中存储在云端。这种集中存储模式不仅有助于数据的统一管理和分析，还增强了财务数据的透明度和可追溯性。例如，通过云端的数据分析工具，管理者可以随时随地访问财务数据并进行深度挖掘和对比分析，为企业的战略决策提供有力支持。

云计算平台汇聚了丰富的财务管理工具和资源，包括但不限于预算管理、成本核算、财务分析、资金管理等方面。这些丰富、透明、相互关联的工具和资源为企业财务管理提供了诸多便利。

（四）财务数据的集中化存储

建立集中、统一的企业财务云中心是实现财务云系统建设的关键。这个云中心将作为企业财务数据的集中存储和处理中心，推动实现多终端接入和财务共享、财务管理、资金管理的有机统一。通过统一的平台和标准，企业可以更加高效地管理和利用财务数据资源。此外，数据的集中存储还有助于实现跨部门的数据共享，促进企业内部的信息流通和协作。

（五）财务数据的精准化处理

借助云计算平台强大的大数据处理能力，能够对海量财务数据进行深度加工与分析。

云计算技术赋予了财务管理系统实时解析与高效处理数据的能力。企业管理者可以随时随地地通过云端访问系统，获取最新的财务报表、经营指标及预测分析，为企业的战略决策提供及时、准确的数据支持。同时，系统能够根据预设的规则与逻辑，自动进行财务预测、风险评估及预算调整，帮助企业实现财务管理的智能化与精细化。

通过采用先进的算法模型，如机器学习、人工智能等，系统能够自动识别并纠正数据中的错误与不一致，确保财务数据的精准无误。例如，在应收账款管理中，系统可以自动匹配销售订单与收款记录，及时发现并提醒潜在的漏收或错收情况，有效避免财务风险。

（六）财务管理的多用户协作

云计算技术打破了时间和空间的限制，支持多用户同时在线编辑和查看财务预算。这种协作模式极大地促进了部门间的信息共享和沟通，使预算编制、调整和执行等过程更加顺畅和高效。

云计算技术使业务与财务的深度融合成为可能。通过云平台的集成和对接功能，企业可以将业务系统和财务系统无缝连接起来，从而实现数据的实时传输和共享。这种一体化的模式打破了部门壁垒和信息孤岛现象，促进了企业内部的信息流通和协作效率的提升。

（七）财务数据的分析与监测

1.财务数据的深度分析

云计算平台提供了强大的数据分析工具，支持企业从多个维度对财务数据进行深入分析。无论是从时间、部门、产品线还是客户等维度进行分析，都能快速得到所需的结果。这种多维度的分析方式有助于企业发现隐藏在数据背后的规律和趋势，从而为决策提供更加全面和深入的支持。

2.财务数据的异常监测

云计算能够精准识别并提取数据集合中的异常值，如异常交易、成本波动等，为企业的风险防控与合规管理提供有力支持。例如，在审计过程中，系统可以自动筛选出与常规模式不符的交易记录，提示审计人员重点关注，从而提高审计效率与准确性。

随着云计算技术的不断成熟与普及，基于云计算的财务管理体系将逐渐成为企业财务管理的主流模式。企业将能够借助这一体系实现财务管理的全面数字化转型，提升财务管理水平，降低运营成本并增强市场竞争力。

（八）安全的财务管理防线构建

在复杂多变的商业环境中，业务连续性和灾难恢复能力是企业应对突发事件和保持竞争力的重要保障。云计算技术以其独特的分布式架构和冗余存储机制，在这方面展现出了强大的优势。

1.云计算服务的自我保护机制

云计算平台采用分布式架构来构建其基础设施和服务体系。这种架构将数据和服务分散部署在多个物理位置不同的节点上，并通过高速网络连接形成一个统一的虚拟环境，构成一个庞大的信息网。当某个节点发生故障时，其他节点可以自动接管其工作负载和数据存储任务，从而确保服务的连续性和可用性。这种自我保护机制对于财务数据而言尤为重要，任何一次数据中断都可能导致严重的业务损失和客户信任危机。

2.云计算平台的冗余存储机制

云计算平台的冗余存储机制可以将同一份数据存储在多个物理位置不同的存储设备或数据中心，并通过数据复制和校验等技术来确保数据的完整性和一致性。当某个存储设备或数据中心发生故障时，其他存储设备或数据中心可以迅速接管其数据存储任务并恢复数据。这种机制降低了数据丢失的风险，提高了数据恢复的速度和效率。

3.云计算技术的灾难恢复机制

云计算技术具有灵活的灾难恢复机制，可有效应对不同类型的灾难事件，以确保数据存储和使用的安全。具体来说，云计算技术具有灵活的与灾难恢复机制相关的策略，主要包括但不限于数据备份、容灾演练、应急响应等。通过实施这些策略，企业可以在灾难事件发生时迅速启动应急响应机制，并通过云端备份快速恢复业务和数据。这种能力对于维护企业财务稳定和客户信任至关重要。

例如，在自然灾害如地震、洪水等发生时，传统IT基础设施可能会受到严重破坏导致业务中断。采用云计算技术的企业可以通过云端备份迅速恢复业务和数据，确保客户服务的连续性和稳定性。

第三节 人工智能技术在财务管理中的应用

一、人工智能概述

（一）人工智能的概念

在探讨人工智能这一概念的核心要义时，人们的理解呈现出多元化的特点。部分学者倾向于将其定义为一种专注于知识的表达、获取及应用的学科体系，强调人工智能在知识处理层面的深度与广度。也有专家持有不同的见解，他们认为人工智能的核心在于探索如何赋予计算机以人类特有的智能，使之能够胜任那些曾一度被认为是人类专属的复杂任务，进而达到减轻人类负担、促进人类发展的目的。

结合以上各类观点不难得出：人工智能的核心在于通过精心设计的计算机程序来实现其功能。在特定的环境条件下，这一系统能够自主识别并分析问题，然后从海量信息中筛选出关键要素，灵活运用各种方法与技术，形成有效的解决策略，最终成功解决问题。这一过程展示了人工智能在逻辑推理、决策制定等方面的强大能力，体现了其作为人类智慧延伸的重要价值。

（二）人工智能的特点

人工智能具有智能性、学习性、交互性、高效性、可扩展性以及不确定性等特点，在企业财务管理的实践中，这些特点得到了广泛的体现与应用。

1.智能性

智能性是人工智能区别于传统计算机系统的核心所在。它不仅模拟了人类的感知能力（如通过图像识别技术读取数据），还扩展了人类的推理能力（如利用复杂的算法分析并预测市场趋势）以及学习和决策能力（如基于历史数据训练模型以优化库存管理和投资决策）。

在企业财务管理中，智能性表现为财务软件的自动化与智能化处理能力。例如，利用人工智能技术，企业可以构建智能财务系统，该系统能够自动收集、整理和分析财务数据，如财务报表、预算执行情况及成本分析等，并通过算法模型进行深度挖掘，预测未来财务趋势，为管理层提供智能决策支持。人工智能技术的这种智能化特点减少了财务人员的重复性劳动，使决策过程更加科学、高效。

2.学习性

人工智能系统的学习性是其不断进步和优化的关键。通过不断学习、训练和改进，系统能够持续提升自身的性能和能力。

人工智能的学习性主要体现在基于大数据的机器学习上。具体来说，人工智能可以收集历史数据、市场趋势、宏观指标等多维度信息，通过机器学习算法进行训练，可以不断优化预测模型，如预测销售额、成本变动、现金流状况等。此外，通过应用专家系统，系统还能吸收行业最佳实践，为企业量身定制财务管理策略。

3.交互性

人工智能技术的交互性主要体现在用户界面的友好性和自然语言处理技术的应用上。智能财务系统能够通过语音或文本输入，理解财务人员的查询和指令，并以人类可理解的方式返回结果。例如，通过语音助手查询特定月份的财务报表或者通过聊天机器人解答复杂的财务问题。这种交互方式提高了工作效率,增强了用户体验。

4.高效性

高效性是人工智能最为显著的优势之一。人工智能技术通过高速运算和并行处理能力,能够在极短的时间内完成大量财务数据的处理和分析工作。例如,在年终审计时,系统能够迅速比对账目、识别异常交易、计算税务等,这大大提高了审计效率和准确性。

5.可扩展性

随着技术的不断进步和财务管理需求的日益增长,智能财务系统需要具备良好的可扩展性。这意味着系统能够轻松集成新的功能模块、适应新的数据格式和接口标准以及支持云计算、大数据等先进技术。

例如:随着企业规模的扩大和业务范围的拓展,财务管理系统可能需要增加新的功能如跨境资金管理、外汇风险管理等;同时,需要与企业的ERP系统、CRM系统等其他业务系统进行无缝对接以实现数据共享和流程协同。这种可扩展性使人工智能系统能够灵活应对各种变化和挑战,并为企业提供更加全面和个性化的服务。通过可扩展性设计,企业可以根据自身发展需要,逐步升级和优化财务管理系统,从而实现财务管理的数字化转型。

6.不确定性

尽管人工智能在财务管理中展现出强大的能力,但其输出结果仍存在一定的不确定性,这要求企业在应用人工智能技术时保持谨慎态度,结合专家的判断和经验进行决策。例如,在投资决策过程中,虽然智能系统可以提供多种投资策略和风险评估报告,但最终决策仍需考虑市场的不确定性、政策变动等因素,确保决策的合理性和稳健性。

二、人工智能在财务管理中的应用趋势

在传统财务管理架构中，员工的综合素质是保障企业财务管理工作质量与效率的关键因素。因此，培养具备全面能力的财务管理人员一直是行业内的核心任务之一。

随着人工智能技术的飞速发展，这一格局正发生根本性变化。人工智能凭借其无与伦比的计算能力与高效的工作流程，极有可能全面接管并优化会计领域中的基础性任务，如记账、核算、数据录入等。以往，这些任务耗费了大量人力与时间，且易受人为错误影响，而人工智能的介入极大地提升了处理速度，确保了数据处理的极高精确性，为企业运营效率注入了强劲动力。

智能机器人以其高效、准确、不知疲倦的特点，正逐步取代那些重复性高、技能要求相对较低的岗位，使企业不再需要大规模地投入资源在基础财务人员的培养上。这一转变显著降低了企业的人力成本，极大地缩短了任务执行周期，为企业节省了宝贵的时间资源，使其能更专注于战略决策与核心业务的发展。

鉴于人工智能所展现出的卓越特性，其深度渗透并重塑现代企业财务管理的趋势日益显著，人工智能在财务管理中的应用势在必行。更为重要的是，人工智能在财务管理领域的广泛应用不仅将极大地提升工作效率与数据精度，还将深刻地改变行业的人员结构与管理模式，同时为财务决策者带来新的机遇与挑战。随着人工智能的不断渗透，财务管理从业者、决策者等相关人员必须不断提升自身的数据分析能力、战略眼光以及对新技术的适应能力，以充分利用人工智能带来的信息优势，做出更加精准、高效的财务决策，推动企业的持续健康发展。

三、人工智能技术在财务管理中的具体应用

当前，人工智能技术正以前所未有的速度渗透到各个行业领域，其中财

务管理作为企业发展的核心支撑系统，更是迎来了人工智能技术带来的深刻变革：从专家系统的智能决策支持，到模式识别的精准数据洞察，再到智能财务分析的深度挖掘以及电子文件与自动化的效率革命，如图2-3所示。

```
                    ┌─ 专家系统
                    ├─ 财务分析
人工智能技术在       ├─ 财务核算
财务管理中的具体应用 ├─ 模式识别
                    ├─ 财务信息共享
                    └─ 电子文件应用
```

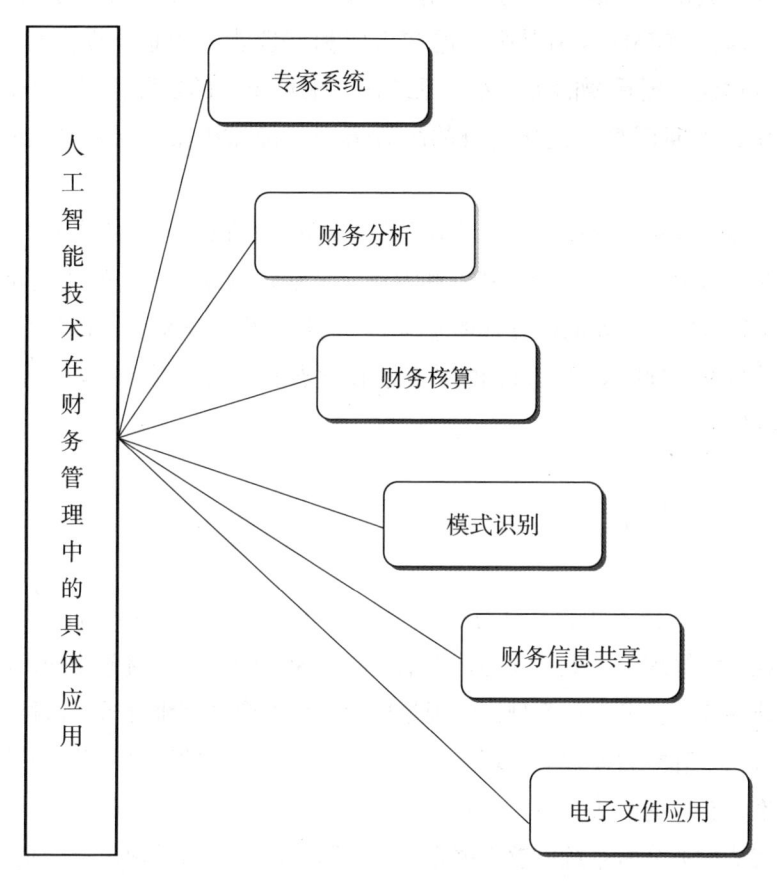

图2-3　人工智能技术在财务管理中的具体应用

（一）专家系统

专家系统在财务管理领域的应用是一场革命性的飞跃。不同于传统的财务管理软件，专家系统不仅是一个工具或平台，更是一个能够模拟人类专家思维与决策过程的智能体。它集成了财务领域的海量知识库，涵盖了会计准则、税收政策、市场动态等多方面的专业知识，并通过先进的推理机制将这些知识转化为解决实际问题的能力。①

在企业财务管理中，专家系统能够像真正的财务专家一样，快速识别并处理各类复杂问题。无论是预算编制、成本控制、税务筹划还是风险管理，专家系统都能凭借其强大的知识库和推理能力为企业提供科学合理的决策建议。更重要的是，专家系统还能根据企业的实际情况和外部环境的变化，不断调整和优化自身的决策模型，确保决策结果的准确性和时效性。

此外，专家系统还具备自动编程和定制化程序语言设计的能力。这意味着企业可以根据自身的业务特点和需求，灵活定制专家系统的功能和界面，使其更好地融入企业的财务管理流程中。通过应用专家系统，企业不仅能显著提升财务处理的效率和准确性，还能在激烈的市场竞争中占据先机，推动可持续发展。

（二）财务分析

人工智能技术的超凡计算能力为财务分析带来了前所未有的精度和速度。在财务管理中，人工智能技术不仅能快速处理海量的财务数据，还能通过构建并验证标准分析模型，实现数据的精准整合与多维分析。这种高度灵活的数据处理能力使财务管理人员能够轻松应对复杂的财务问题，并制定更加精准、有效的解决方案。

智能财务分析系统能够根据企业的实际情况和需求构建出符合企业特点的财务分析模型。这些模型不仅涵盖了传统的财务指标和比率分析，还融入了机器学习、深度学习等先进技术，实现了对财务数据的深度挖掘和智能分析。通过智能财务分析系统的应用，企业可以更加全面地了解自身的财务状况和经营成果，及时发现并应对潜在的风险和问题。

此外，智能财务分析系统还具备高度的灵活性和可定制性。企业可以根据自身的业务特点和需求，灵活调整分析模型的参数和指标体系，以实现对

---

① 金哲.人工智能技术在财务管理中的应用[J].中国市场，2020（19）：145+147.

不同业务场景和财务问题的精准分析。同时，智能财务分析系统还能够实现数据的实时更新和动态分析功能，确保分析结果的时效性和准确性。

通过智能财务分析系统的应用，企业财务管理人员能够更加精准地把握企业的财务状况和经营成果，为企业的战略决策提供有力支持。同时，智能财务分析系统还能够通过数据驱动的方式帮助企业在优化运营策略、降低成本费用、提高盈利能力等方面取得显著成效。

（三）财务核算

在传统财务会计核算体系中，处理应付与应收账款是一项烦琐且耗时的任务，它要求财务人员从海量数据中检索出成千上万条往来结算明细，进行逐一核对、手工调整，并与相应的发票进行精确匹配，实施逐项核销操作。这一过程不仅劳动强度大，还极易因人为因素出现错误，进而影响到供应商付款的及时性和后续收款的准确性，给企业的现金流管理和信誉带来挑战。

随着人工智能技术的飞速发展，引入财务机器人（RPA，机器人流程自动化）来替代这些重复性高、规则明确的手工操作已成为解决上述问题的有效途径。财务机器人能够在非工作时间自动执行任务，无须人工干预，极大地延长了工作时长，实现了7×24小时不间断作业。通过预设的算法和规则，它们能够准确无误地处理往来账款，自动完成数据检索、匹配、核销等流程，将原本耗时数天甚至数周的手动工作缩短至几分钟或几小时内完成，工时大幅缩短。事实证明，财务机器人的应用能够显著降低人为错误的风险，提高数据的准确性和可靠性，从而增强供应商和客户之间的信任。[1]

（四）模式识别

模式识别作为人工智能技术的一个重要技术分支，在财务管理领域中同样发挥着举足轻重的作用。它通过对海量财务数据的深入剖析和精细分类，

---

[1] 宋衔.人工智能技术在企业财务管理中的应用分析[J].环渤海经济瞭望，2019（11）：90.

揭示了数据背后的隐藏模式和关联关系，为企业提供了更为全面、深入的决策支持。

1.统计模式识别

统计模式识别作为模式识别的核心分支之一，擅长从大量、复杂的数据中提取关键信息，并通过分类、聚类等方法将数据转化为易于理解和分析的形式。在财务管理中，统计模式识别技术可以帮助企业快速识别出成本波动、收入变化等关键指标的变化趋势和规律，为企业的预算编制、成本控制等提供有力支持。

2.结构模式识别

结构模式识别更加注重数据之间的结构关系和内在逻辑。它通过构建身份函数、关系图等结构模型，实现了对数据之间复杂关系的精准识别和分析。在财务管理中，结构模式识别技术可以应用于风险评估、欺诈检测等领域，帮助企业及时发现并应对潜在的财务风险和欺诈行为。

通过应用模式识别技术，企业财务管理人员能够更加全面地掌握企业的财务状况和运营情况，从而做出更加科学、合理的决策。同时，模式识别技术能够实现财务数据的实时监控和预警功能，帮助企业及时发现并应对潜在的财务风险和问题。

（五）财务信息共享

在当今这个信息爆炸的时代，创新型管理企业对于信息的需求已远远超出了简单的获取范畴，它们追求的是信息获取的广泛性、及时性与准确性的完美结合，人工智能技术可以帮助企业实现内部财务信息的管理与共享。

利用人工智能技术，企业可以深度整合内部错综复杂的财务数据，与ERP（企业资源计划）系统无缝对接，共同构建出一个高效、全面的财管数据共享平台。这一平台不仅能自动分类、细化处理各类财务信息，确保数据的精准性与时效性，还能彻底打破传统管理模式中各部门、各层级间的信息壁垒，实现跨区域、跨系统的无缝对接与信息共享。

财务信息共享可以让企业不同人员受益，一方面，企业内部的财务人员可以即时获取全面、准确的财务数据，为决策制定提供坚实的数据支撑。另一方面，企业的利益相关者，如股东、投资者、供应商等，也能根据需求获取相应的财务信息，增强企业信息的透明度与公信力。

更为重要的是，智能化信息共享不只局限于企业内部，它还通过与外部网络数据的实时对接，帮助企业洞察行业趋势，把握市场动态。在瞬息万变的市场环境中，这种即时性的信息获取能力显得尤为重要，它使企业能够迅速响应市场变化，调整经营策略，从而保持竞争优势。

（六）电子文件应用

随着财务软件的广泛普及和电子发票的兴起，传统财务管理模式正经历着深刻的变革。电子文件不仅简化了会计凭证流程、提高了数据处理的效率和质量，还具备法律效力，为企业的财务管理提供了更加便捷、高效的解决方案。

在电子文件的支持下，企业可以实现财务数据的实时采集、处理和存储。这减少了纸质文档的使用和存储成本，避免了人为因素导致的数据丢失和错误。同时，电子文件具有易于检索和共享的特点，可以使企业内部的协作和沟通变得更加顺畅和高效。

人工智能技术的应用进一步推动了财务管理的自动化进程。通过自动化处理应收应付账款、项目验证等烦琐工作，人工智能技术可以减轻财务人员的负担，有效地降低人为错误率并提高工作效率。

第四节

区块链技术在财务管理中的应用

一、区块链概述

（一）区块链的概念

区块链（Blockchain）技术正处于蓬勃发展的浪潮之中，那么，究竟何为区块链？一些国外专家指出，区块链本质上是一种数据库形式，它并非简单地将记录汇总于纸张之上，而是将所有记录存储在区块链网络中。每个区块通过加密签名相互链接至下一个区块，形成连续不断的链条。区块链的使用体验类似于传统账本，但其核心价值在于能够实现信息的共享，并允许授权用户进行查询。[①]

区块链本质上是一个去中心化的数据库，是一种分布式数据存储、点对点传输、共识机制、加密算法等计算机技术的新型应用模式。区块链技术的应用领域非常广泛，涵盖金融、供应链管理、物联网、数字身份验证、医疗保健等多个领域。

---

① 王慧敏，李娟.区块链技术对中小企业财务管理的影响[J].现代商贸工业，2018，39（34）：84.

（二）区块链的特征

1.去中心化

在探讨区块链技术的众多特性时，去中心化无疑是其最为引人注目的亮点之一。这一特性彻底颠覆了传统金融系统乃至众多行业领域的运作模式，引领了一场前所未有的变革。

在传统金融体系中，银行、政府等中央机构扮演着至关重要的角色，它们不仅是资金流动的枢纽，更是规则制定与执行的权威。然而，区块链技术的出现打破了这一固有的权力结构，构建了一个无须中央权威干预的分布式网络。

在区块链网络中，数据不再集中存储于某个中心节点，而是被分散存储在网络的每一个参与节点上。这种分布式存储方式提高了数据的安全性和可靠性，极大地降低了单点故障的风险。更重要的是，它赋予了每个节点平等的权利和责任，任何节点都无法单独控制或篡改网络中的数据。这种去中心化的特性使区块链网络成为一个真正意义上的"自治社区"，每个成员都能在其中自由参与、共同维护。

2.分布式共识

区块链的分布式共识机制是实现去中心化目标的关键所在。它确保了网络中的各个节点在没有任何中心化控制的情况下能够就数据的一致性达成共识。这一机制的核心在于通过特定的算法和规则使所有节点在竞争或合作中达成共识，确保整个网络的稳定性和可靠性。

目前，区块链领域最为常见的共识机制包括工作量证明（Proof of Work，POW）和权益证明（Proof of Stake，POS）。POW机制通过要求节点进行大量的计算工作来争夺记账权，从而确保网络的安全性和去中心化。POS机制则通过让节点抵押一定数量的代币来参与共识过程，降低了能源消耗并提高了共识效率。这些共识机制的引入保障了区块链网络的稳定运行，为其在更广泛领域的应用提供了可能。

3.智能合同

智能合同是区块链技术的又一重要创新。它是一种基于区块链技术的自动执行合约，能够在满足特定条件时自动触发和执行相应的条款和条件。智能合同的引入彻底改变了传统合同的运作方式，使合同的执行不再依赖于任何中介机构或第三方的信任背书。

智能合同通过编写在区块链上的程序代码来实现其自动执行功能，这些程序代码包含了合约的所有条款和条件以及触发执行的条件，一旦这些条件被满足，智能合同就会自动执行相应的操作并将结果记录在区块链上。这种自动执行的特性提高了合约的执行效率和透明度，降低了执行成本和风险。

4.不可篡改

区块链技术的另一个显著特点是其数据的不可篡改性。在区块链网络中，一旦某个数据块被成功添加到链上，并经过多个节点的验证和确认，那么它就被视为永久性的、不可更改的记录。这种不可篡改性得益于区块链独特的链式结构和哈希算法。每个区块都包含了前一个区块的哈希值并将其作为自己的"指纹"，这种链式关系使任何对区块内容的修改都会影响到其后所有区块的哈希值，从而被整个网络迅速识别并拒绝。

这种不可篡改的特性为区块链网络中的数据提供了极高的安全性和可信度，它使区块链技术在金融、医疗、版权保护等众多领域具有广泛的应用前景。例如：在金融领域，区块链技术可以确保交易记录的真实性和完整性，防止欺诈和篡改；在医疗领域，区块链技术可以保护患者的隐私数据不被非法获取或篡改；在版权保护方面，区块链技术可以为创作者提供一个安全、可靠的版权登记和维权平台。

区块链技术的上述特性使其在众多领域具有广泛的应用前景和巨大的发展潜力。随着技术的不断发展和完善，相信区块链技术将会在未来发挥更加重要的作用并推动社会的持续进步和发展。

二、区块链技术在财务管理中的应用优势

（一）去中心化可降低财务运作成本

区块链技术的去中心化特性为降低财务运作成本开辟了新途径。在这一模式下，全网参与者无须依赖单一中心化的服务器进行交易，而是通过分布式网络节点实现点对点的直接交易。这一变革消除了对第三方中介信任机构的依赖，降低了交易过程中的信用、清算和信息泄露等管理风险，极大地减少了资金在中间机构间流转所产生的交易费用。

此外，点对点的直接交易模式也显著提升了交易速度，使财务运作更加高效、便捷。总之，区块链技术的去中心化特性为优化财务流程、降低运作成本提供了强有力的技术支持。

（二）分布式记账可重塑财务流程

区块链技术的引入彻底颠覆了传统财务领域依赖单一中心进行财务信息确认与计量的"集中式记账模式"。在这一创新架构下，财务流程转变为一种全网参与、共同记账与公证的"分布式账簿"模式。此模式摒弃了中心化、权威化的特点，转而在一个无中心、无特定权威的网络环境中运行。计算机程序自动且即时地验证并记录每一位参与者的输入信息，最终构建起一个无重复记录、精确无误的信息数据库。这一基于财务信息构建的数据库在区块链网络中是透明公开的，实现了财务数据的共享账本功能。

共享账本的应用优化了财务复式记账法中信息重复处理可能导致的管理漏洞，显著降低了传统"人机协同"模式下交易双方需进行烦琐对账与纠错的成本。此外，它还有效预防了库存现金短缺、财务账簿等关键财会资料被恶意销毁的风险，确保了企业财务管理的稳健性。更为关键的是，分布式账簿的设计分散了单个财务参与者的会计责任，通过多方验证避免了单一信息记录偏差带来的财务信息失真问题，从而保证了原始会计信息的精确性和可信度。

（三）智能合同让财务管理更透明可信

区块链技术智能合约的实施极大地促进了财务管理流程的自动化，显著地减少了人工操作的介入。同时，智能合约的执行逻辑与条款均处于公开状态，接受所有利益相关方的审阅与验证，这种高度的透明性为财务交易增添了公信力，简化了监管与审计流程。这一转变加速了交易处理的速率，从根本上降低了人为失误的风险，促进了财务处理的效率和精确度的双提升，同时进一步巩固了财务信息的真实性与透明度。

（四）哈希算法可确保财务信息固化

哈希算法作为区块链技术的核心之一，以其独特的单向密码体制为财务信息的固化提供了强大的技术支持。当财务信息被验证无误并形成全网无重复记录的精确数据库后，这些信息会被计算机打包成一个"区块"，并加盖时间戳以记录写入时间。每个区块都被赋予了时间维度，通过其数据密码（哈希值）与前一个区块紧密相连，从而可以构建起一条不可篡改的数据链。哈希算法的加密过程是不可逆的，每个区块的信息都是在全网共识下形成的真实记录。[①]由此可见，区块链技术下的财务信息被赋予了极高的稳定性和安全性，原则上不可被篡改。这种历史财务信息的固化机制极大地降低了财务信息在确认、记录、计量和报告等环节被修改、删除或伪造的风险，为企业参与市场交易提供了真实可靠的信息支撑，有效地遏制了因利益倾向而导致的信息隐匿与不平等利益侵占行为。

---

① 孙大东，李佳凝，史春娜.区块链技术在企业财务管理中的应用[J].中国总会计师，2022（1）：119.

三、区块链技术在财务管理中的具体应用

随着技术的不断成熟和普及,区块链正逐步渗透到财务管理的各个环节,在会计核算、资金管理、风险控制、供应链融资、税务管理等领域都展现出了其独特的应用价值和潜力,如图2-4所示。

```
区块链技术在财务管理中的具体应用
├── 优化会计核算
├── 简化监督和审计流程
├── 规范数据存储
└── 改善利润管理
```

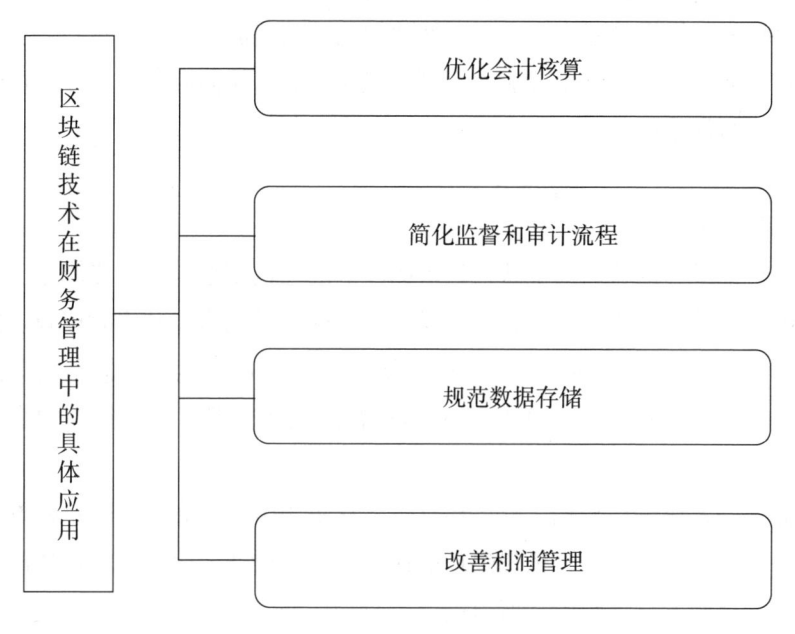

图2-4 区块链技术在财务管理中的具体应用

(一) 优化会计核算

在区块链技术的赋能下,会计核算迎来了全新模式。每当一个区块开始录入会计信息时,这一动作便会立即触发网络中其他区块的同步响应与审核机制。这一数据链如同无限延伸的脉络,将信息迅速传播至每一节点,唯有在全体节点达成共识后,该信息方能稳固保存并持续自动更新。如此,区块链网络确保了会计要素能够精准且客观地映射出实际业务活动

的全貌。

1. 会计计量

会计计量的过程，即在确认无误后，将会计要素以数值形式纳入账簿与报表中，以量化展现经济事务间的内在联系。在区块链构建的财务生态中，每个交易节点均承担着信息守护者的角色，详尽记录交易详情，并辅以时间戳、交易方式等元数据标签，从而实现数据的透明共享与即时检索。这一平台为会计人员提供了强大的支持，使他们能够精确区分并应用不同的会计计量属性，如历史成本、重置成本、可变现净值等，从而确保了财务数据测量的精准性与规范性。

2. 会计记录

会计记录，即将经过确认与计量的经济活动镌刻在凭证与账簿之上。面对传统模式下资产交易的复杂性与易错性，区块链技术以其实时记录、集体审核的特性筑起了坚固防线。在区块链系统中，每一笔交易信息均受到严格监控，任何篡改企图都将导致链的断裂，从而确保了会计记录的真实与无瑕。

此外，区块链还推动了财务核算体系从集中走向分布，使信息核查变得更加高效与直接，无须再依赖烦琐的逆差或顺差操作，因为每个区块的进入都伴随着全网的自动校验，所以确保了总分类账的精确无误。

3. 会计报告

会计报告是企业财务状况与经营成果的权威镜像。在传统体系中，财务数据的客观性常受人为因素侵扰，而在区块链财务系统中，这一问题迎刃而解。所有财务信息均公开透明，交易数据实时披露，彻底消除了信息不对称与披露不一致的隐患。区块链的时间戳机制更是为信息的真实性加上了不可逆转的锁，让虚假会计信息无所遁形。因此，区块链环境下的会计信息不仅质量更高，其披露也更符合会计准则的严格要求。

（二）简化监督和审计流程

区块链技术的分布式账本特性可确保企业资产的安全、完整与可靠。在内部控制层面，区块链为每个经济业务交易生成完整的记录区块，同时以电子形式保存所有相关原始凭证。这一机制允许通过追溯数据链中的销售业务数据及原始凭证来全面复原交易过程，并与分布式账本中的统计数据进行比对审核，从而实现高效的自我审计。

在区块链生态中，该技术不仅构建了基础设施，还促进了企业、银行及客户之间的协议框架的建立。只要区块信息完整且各节点达成共识，即可自动触发业务审计流程，无须传统内部审计中烦琐的申请与审核流程。

相较于互联网审计模式可能带来的高昂成本，如审计软件维护、网络资源查询及人工管理费等，区块链环境下的审计流程展现出显著优势。由于区块数据分散存储，无须高度集中地处理，因此对网络及服务器性能的要求相对较低，有效地降低了技术服务成本。区块链持续将业务数据储存至各区块中，监管与审计人员可直接调取数据进行分析，省去了实地核查与对大量原始凭证进行收集的步骤，既节省了人力资源，又增强了审计的精准度和时效性，实现了实时监督与审查，大幅提升了工作效率。

（三）规范数据存储

1.加密数据存储

在区块链赋能的财务系统中，所有交易数据均即时、安全地存储在共享数据库中。这一数据库便于随时检索与使用数据，整个数据链采用动态加密技术，确保数据在输入的同时即被加密，仅授权的企业内部人员能够访问。例如，在企业与供应商建立合作关系时，双方的商业信息及合同详情可无缝接入数据链，省去了重复签订纸质协议的烦琐，同时这些信息始终处于加密状态，可以保护企业隐私。企业可灵活地在市场中筛选新供应商，并将相关信息上传至区块链数据库，系统自动进行比对分析，从而为企业提供科学的选择建议。

再如，新供应商的加入也会触发系统更新机制，经全网节点确认后，其数据将同步至所有区块，确保数据的实时性和一致性，系统随即生成最新的数据分析报告。

类似地，企业与客户及销售端之间的主营业务成本、应收账款、坏账准备等财务信息也实现了实时校验与分析，从而助力财务人员高效完成财务分析，为管理层提供决策支持。

区块链技术以其卓越的加密能力，为数据存储提供了前所未有的安全性。其采用的加密算法极为复杂，难以被黑客破解，从而大幅提升了数据链的整体安全水平。

区块链网络构建的坚固屏障，确保了系统内数据的机密性与操作的不可见性，有效阻断了外部财务信息窥探的风险。

2.强大的容灾恢复能力

区块链具备强大的容灾恢复能力，即便某个区块节点遭遇损坏导致数据丢失，也不会影响整个系统的数据完整性，因为其他参与方的区块中仍保存着所有相关交易的完整记录。这种分布式存储的冗余设计确保了数据的可靠性和系统的持续运行能力。

（四）改善利润管理

1.优化现金管理策略

在区块链技术的赋能下，通过将成本分析计算逻辑融入智能合约并集成至财务系统中，企业能够实时、精确地计算出持有现金所涉及的各类成本（如机会成本、短缺成本、管理成本及总成本），进而科学地确定最优现金持有量。此举旨在最大化现金利用效率，能有效控制经营风险，从而为企业创造更多营业利润。

2.降低交易成本

区块链环境下的交易实现了直接点对点的资金与货物结算，摒弃了中间服务商的角色，显著地降低了企业的中介服务费用。

区块链技术的去中心化特性更是简化了跨境支付流程，省去了银行转账的中间环节，使供应商与客户能够直接、快速完成交易，同时在全球范围内进行无缝对接，无须额外的手续费用。

此外，区块链账簿可以实时记录每项交易的资金成本，并持续更新，便于企业监控交易过程中的资金成本变动。这一变革不仅大幅削减了中介服务费、银行手续费、时间成本、人力成本及机会成本，还直接促进了企业营业成本及交易相关财务费用的降低，进而提升了营业利润。

3.减少搜寻成本

区块链网络构建了一个信息丰富且高度透明的数据链，为企业寻找供应商、筛选合适客户等商业活动提供了创新性的解决方案。在区块链账本中，每个节点或区块均独立存储着详尽的财务数据信息及交易电子原始凭证，实现了信息的全面展示与便捷共享。

相较于传统财务系统的中心化管理模式，区块链环境下的信息搜索与共享机制更加灵活高效。在区块链网络中，信息使用者无须依赖中心化的数据存储和检索系统，即可以直接在网络的各个节点上进行自主搜索。这种分布式的搜索模式提高了信息获取的速度和准确性，极大地降低了对中心化系统的依赖风险。同时，区块链网络的透明性促进了信息的无障碍共享，使不同部门、不同企业之间能够基于共同的数据基础进行协同工作，从而消除了沟通障碍，提升了合作效率。

此外，区块链技术的信息自主搜索与高效共享机制可显著降低企业在商业活动中的搜寻成本和时间成本。企业不再需要投入大量人力、物力去搜集和验证信息，而是可以通过区块链网络快速获取到所需的数据支持。这种高效的信息获取方式为企业节省了宝贵的资源，使企业能够更快地响应市场变化，提高竞争力。

第三章

数字化转型背景下的财务管理信息系统

　　科技进步推动了"数字化+财务"体系的深入发展,信息技术已全面渗透至各行业和领域。当前,企业财务管理正经历信息化转型,这标志着财务管理发展的新方向。自2019年起,我国全面实施了新的会计准则体系,采取"并行核算"和"双基础双报告模式",这一变革给企业财务管理模式带来了显著影响。因此,企业必须依托信息化手段,优化财务管理实务,提升业务流程和组织效率,进而不断增强企业的运营与管理能力。本章重点分析数字化转型背景下财务管理信息系统的相关知识。

第一节 财务管理信息系统概述

一、财务管理信息化

（一）财务管理信息化的概念

信息化的核心在于将现实世界的事物转化为数据，并存储于计算机系统中，本质上是一个数据生成的过程。

随着信息技术的持续进步，信息化已成为推动各行各业发展的关键力量，财务管理信息化也不例外。它超越了传统计算机在财务管理中的应用，代表着一种全新的信息化理念，为现代财务管理提供了全面的解决方案。

财务管理信息化是指在企业管理环境及信息技术基础上，对企业业务流程和财务管理方式进行整合与改进，以形成科学、高效的信息化财务决策和控制过程，以实现企业价值最大化为最终目标。

（二）财务管理信息化的特点

相比于其他信息化过程，财务管理信息化的特征主要表现为图3-1。

1.弹性边界

财务管理信息化是企业经营管理中不可分割的一部分，它与企业的基本业务流程紧密相连，财务决策和控制覆盖了企业运作的每个环节。随着企业信息化的不断深入，财务管理信息化的边界变得日益模糊，扩展至整个企业乃至产业链。新兴信息技术的融入进一步推动了财务管理与企业其他管理领域的融合，形成了一个持续优化和整合的动态过程。

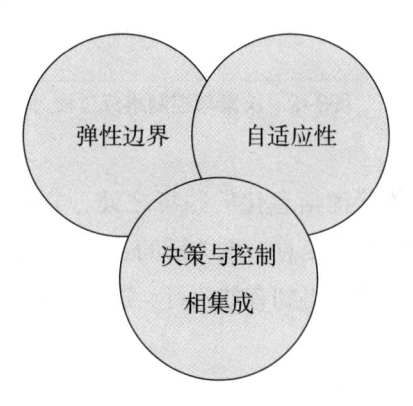

图3-1　财务管理信息化的特征

2. 自适应性

财务决策是财务管理的核心，面对不断变化的环境和来源多样的数据，传统的统一流程已不再适用。成功的财务管理信息化不仅在于技术的应用，更在于能否满足动态的决策需求。理想的信息化系统应是一个灵活的、能够适应不同客户需求的决策和管理平台。要想实现这一点，关键在于构建一个能够根据企业管理环境和管理水平自我调整和优化的信息化平台。

3. 决策与控制相集成

财务管理信息化是一个集成信息处理与企业控制的综合过程，它超越了传统信息系统仅用于数据的采集、处理和报告的单向开环控制模式。这种进化标志着财务管理信息化与传统信息系统的根本差异，体现在其更为复杂和动态的运作机制中。其变化过程见图3-2。①

---

① 王盛.财务管理信息化研究[M].长春：吉林大学出版社，2020：7.

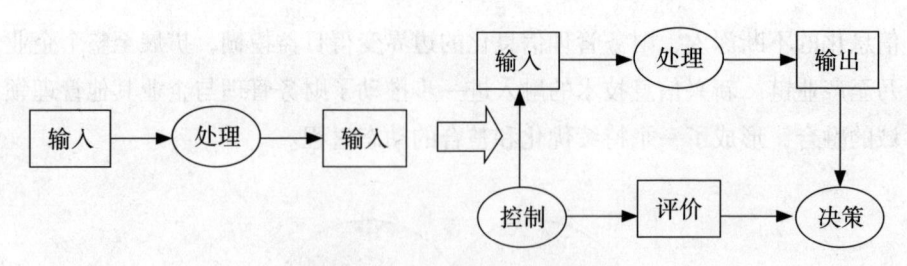

图3-2　决策与控制集成过程

图3-2展示了财务管理信息化的独特之处，它构成了一个闭环控制系统，不仅限于提供决策所需信息，更关键的是将决策输出转化为实际的控制行动，并确保这些控制措施得到有效执行。这正是财务管理信息化区别于其他信息系统的核心特征。

（三）财务管理信息化的作用

在与企业整体战略相一致的基础上，财务管理信息化致力于提升企业的财务决策质量，增强企业应对风险的能力。它通过扩展财务控制的广度，简化控制层级，并加强控制的执行力。此外，财务管理信息化还增强了企业的适应性，将宏观战略细化为可操作的管理策略，并确保这些策略得到高效执行，从而提升财务管理的效率，强化企业的风险管理和防范能力，助力企业价值的持续增长。

二、财务管理信息系统

（一）财务管理信息系统的定义

1.管理信息系统的含义

管理信息系统（MIS）是一个集成的人机系统，它利用计算机硬件、软件和人工操作来分析、计划、控制和决策。该系统提供信息以支持企业运作，涵盖了管理和决策功能。随着信息技术的进步，管理信息系统的定义和功能也在不断演进。

管理信息系统由人、信息处理设备和运行规程三个关键要素构成。人是系统中最为重要的组成部分，不仅使用系统，还负责规划、控制和管理。信息基础设施提供了管理信息系统运行所需的物理环境，而运行规则包括应用规则、控制措施和知识智能，确保系统科学、合理地运作。

该系统通过收集、传输、存储和处理信息，为企业提供战略决策支持，促进企业的综合运作。在管理信息系统中，人的参与随着管理层级的提高而加深，体现了人在系统中的核心作用。

2.财务管理信息系统的含义

财务管理信息系统（FMIS）由事务处理系统（TPS）、管理信息系统（MIS）、决策支持系统（DSS）以及人工智能/专家系统（AI/ES）四个层次构成，如图3-3所示。

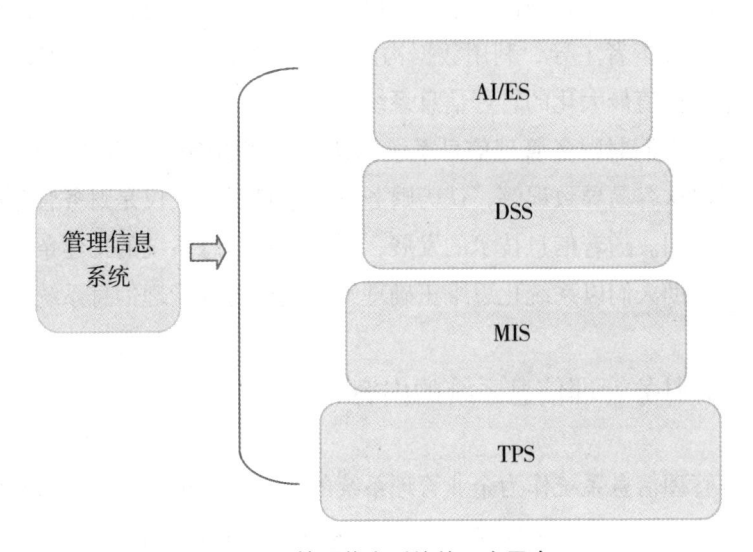

图3-3 管理信息系统的四个层次

事务处理系统（TPS）：作为基础层，负责记录和存储企业日常活动的基本信息。

管理信息系统（MIS）：对收集的信息进行整理和基础分析，为日常管理提供支持。

决策支持系统（DSS）：为高层管理者提供深入的决策支持，依据MIS提供的数据进行更高层次的分析。

人工智能/专家系统（AI/ES）：在信息处理的基础上，进行反馈、管理和控制，实现智能化的决策辅助。

目前，学界对财务管理信息系统尚无统一定义，但从系统论角度出发，其定义应涵盖目标、构成要素和功能。

（1）目标：财务管理信息系统的目标与企业财务管理目标一致，即追求企业价值最大化，重点在于支持决策和控制过程。

（2）构成要素：信息技术、数据、模型、方法、决策者和决策环境是构成财务管理信息系统的核心部分。

（3）功能：财务管理信息系统的功能主要体现在财务决策支持和财务控制两个关键方面，其他职能均由此衍生。

综上所述，财务管理信息系统可以被定义为：在信息技术和管理控制的基础上，由决策者主导，利用数据构建决策模型，将决策转化为控制措施，以实现企业价值最大化的管理信息系统。

过去，人们对财务管理信息系统的认识不够明确，曾有"理财电算化"的概念，但这容易导致误解，认为财务管理信息系统仅仅是财务管理中计算机技术的应用。随着信息技术的发展，财务管理信息系统的构建条件已经成熟，可以帮助人们以系统化思维正确理解和应用财务管理信息系统。

（二）财务管理信息系统的内容

财务管理信息系统作为企业管理系统的一个关键组成部分，与其他子系统共同构成了一个完整的企业管理信息系统。该系统的内容如图3-4所示，主要分为两大模块：财务会计和管理会计。

财务会计模块具有一系列的财务核算功能，具体包括总账管理、应收账款和应付账款管理、固定资产核算、存货成本计算、员工工资处理以及现金流动管理等关键财务处理环节。

管理会计模块侧重于内部决策支持，包括但不限于预算编制与控制、资金运作管理、成本控制与分析等模块，旨在为管理层提供深入的财务分析和决策支持。这些模块共同确保了财务管理信息系统能够全面覆盖企业财务管理的各个方面。

```
财务管理信息系统 ┬─ 财务会计 ┬─ 总账管理
                │            ├─ 应收账款和应付账款管理
                │            ├─ 固定资产核算
                │            ├─ 存货成本计算
                │            ├─ 员工工资处理
                │            └─ 现金流动管理
                └─ 管理会计 ┬─ 预算编制与控制
                             ├─ 资金运作管理
                             └─ 成本控制与分析
```

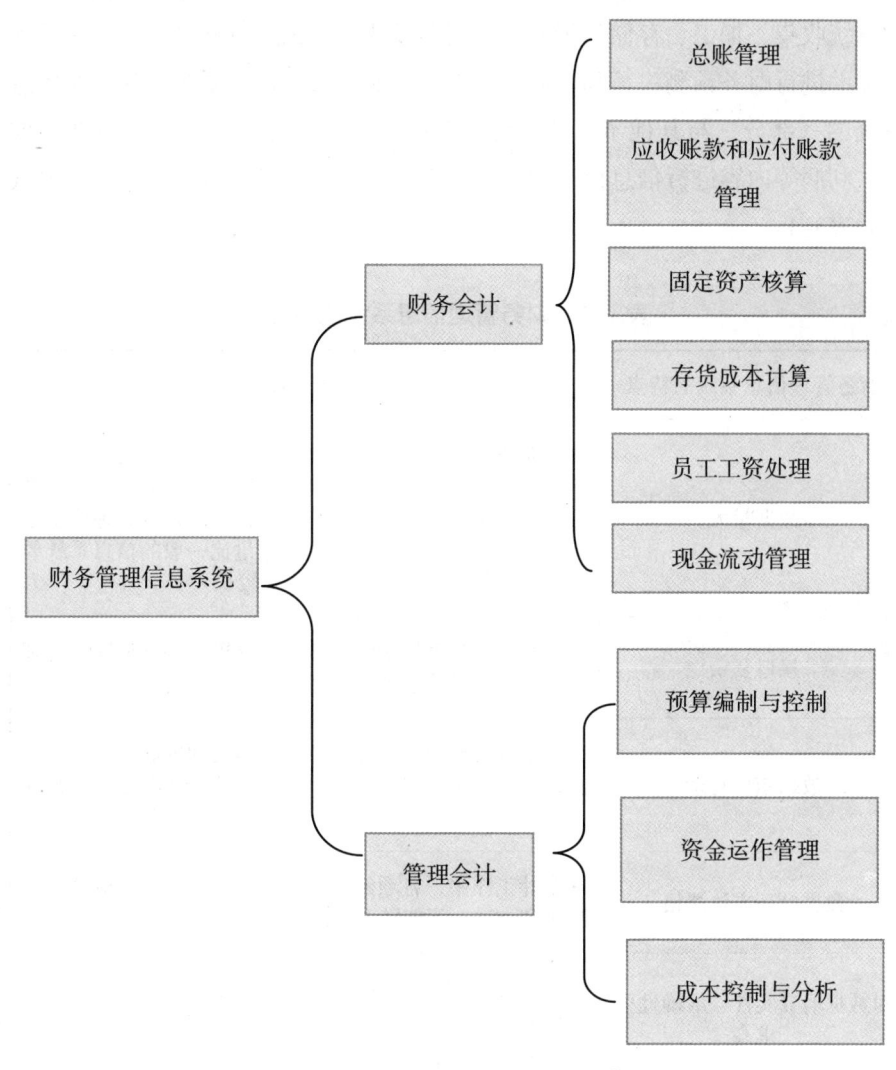

图3-4　财务管理信息系统内容[①]

---

① 任健.MN公司财务管理信息系统实施方案研究[D].西安：西安理工大学，2018.

（三）财务管理信息系统的特点

财务管理信息系统是企业管理信息系统不可缺少的重要子系统。会计信息量往往占企业信息量的60%~70%，财务管理信息系统是一个组织处理会计业务并为用户提供财会信息的实体。它以计算机为基础，通过对会计信息的系统收集、加工、存储和传输，不仅可以替代人工进行核算工作，而且可以辅助进行财务预测决策和财务监控工作。财务管理信息系统作为企业信息系统的一部分，与其他子系统有许多共同之处。但是，作为围绕资金、成本、利润等内容进行信息处理的财会管理系统，又有其本身的特征，主要表现为表3-1。

表3-1 财务管理信息系统的特点

财务管理信息系统的特点	具体阐述
数据量大	会计是以货币为主要计量单位，要对生产经营活动进行连续的、系统的、完整的核算和监督。企业每一笔经济业务的有关数据都要纳入 AIS 中，所以财务管理信息系统数据的发生量、处理量和存储量比一般的信息系统要大，会计数据需要保存的时间也较长
接口复杂	财务管理信息系统中许多业务功能模块和其他职能管理系统有着密切的联系
数据结构复杂	会计数据处理流程比较复杂，数据之间的联系多，不少经济业务的发生会引起许多项资金占用和资金来源的变化
数据处理方法严格	在会计工作中，各项经济业务都有一套必须严格遵守的准则和方法，不能随意改动
对数据的真实性、准确性要求高	会计数据的真实与否不仅关系到能否正确反映经济活动的客观情况，而且涉及单位、职工以及单位之间的权益
有充分的保密性和可靠性措施	一方面能防止数据的泄露、破坏和丢失，另一方面能够保证系统运行绝对安全可靠

（四）财务管理信息系统的作用

财务管理系统以成本控制为重点，将企业的实际业务和财务软件相结合，从而能有效实现财务信息的全面高效集成，使企业资源达到最佳配置状态。这样既能够提高企业的财务管理能力，又能够为企业其他业务领域的信息化提供基础和保障。它的作用体现在以下几个方面。

1. 实现了财务工作的信息化、自动化

局域网和互联网的普及为财务管理人员提供了高效的办公环境和丰富的数据资源。这种高度信息化的办公条件，加上资源共享的优势，确保了数据的实时性和准确性。财务管理信息系统的智能化设计允许原始凭证在一次录入后自动完成业务核算、统计核算和会计核算等多重任务，极大地提高了工作效率。

此外，财务管理信息系统的先进功能不仅限于生成传统的余额表、账页、凭证和科目汇总表，它还能够根据用户需求生成记账凭证汇总表、基于任意条件的一维或二维余额表以及任意组合的三栏式或多栏式账页。这些功能提高了财务管理的灵活性和适应性，为财务分析和决策提供了更加丰富和直观的数据支持。

随着信息技术的不断进步，财务管理的自动化和信息化水平将持续提升，为企业管理带来更多的创新和价值。通过优化财务流程、提高数据处理能力、加强风险控制和提升决策质量，企业将能够在激烈的市场竞争中占据有利地位，实现可持续发展。

2. 能够全面分析企业财务状况

财务管理信息系统的财务分析模块是企业洞察自身财务状况的重要工具。该模块具备多种分析功能，包括财务指标分析、财务报表分析和综合财务分析等，能够展现企业的偿债、盈利和营运能力以及长期发展趋势。

这些分析工具使企业能够明确自身在行业中的定位，评估业务状况，并为管理层提供数据支撑，辅助其做出明智的决策。财务分析子系统是企业进行财务自我评估和推动持续发展的关键，能够为管理层提供全面的决策支持。

3.能够有效控制企业的成本与财务状况

财务管理信息系统通过成本管理模块能够有效控制企业成本和财务状况。系统通过预算制定、成本核算、成本分析等手段可以实现成本的精确计算和控制。与账务、存货、生产等系统集成，可以自动生成成本凭证和核算数据，减少盲目采购和原材料成本过高的风险。

此外，系统能够自动处理材料采购和报销流程，生成付款单据，及时反映库存和发票状态。通过库存预警机制，可以及时调整采购和生产计划，控制库存水平。同时，系统通过销售业务管理和成本控制，可以避免销售收入损失和坏账，准确评估客户信用度，合理调控信用政策。

4.能够加强内部控制，提高财务管理工作的保密性、可靠性及安全性

财务管理信息系统通过强化内部控制机制，显著提升了会计工作的保密性、可靠性和安全性。系统确保了只有授权人员通过合法的用户认证才能访问敏感的会计资料，同时采用了先进的硬件技术如双硬盘或双通道，以防机器故障导致的数据丢失或系统崩溃，确保数据的完整性和可靠性。

此外，系统根据员工的岗位和职责精细设置权限，保障了操作的安全性。财务管理信息系统的数据管理功能，如硬盘备份、数据恢复、删除及索引重建，极大地方便了财务人员，优化了岗位分工，制定了明确的工作规范，从而提高了会计工作的整体质量。

利用这一系统平台结合大型数据库管理系统，可以从根本上解决数据安全和可靠性的问题，确保数据的一致性，进而为财务管理提供坚实的技术支撑。

（五）财务管理信息系统的基本运行模式

财务管理信息系统的运作涵盖分析、制订、执行和评价四个连续的阶段，这一流程在特定的企业环境和信息技术框架内进行。各阶段相互衔接，形成了财务管理信息系统的核心运作模式。[1]

---

[1] 王盛.财务管理信息化研究[M].长春：吉林大学出版社，2020：23.

财务决策环境分析阶段：进行风险评估，明确决策目标和约束条件，为财务决策提供准备，利用信息技术获取必要信息。

财务决策制订阶段：构建决策模型，收集数据，通过比较分析筛选出最优方案，并制订计划和标准。

财务决策执行阶段：依据方案进行预算分配和资源配置，监控执行进度和资源消耗，确保决策顺利实施。

财务管理控制评价阶段：将实际结果与预期指标对比，分析偏差原因，并根据情况调整决策或执行过程。

另外，在实际应用中，执行和评价阶段通常与业务处理系统紧密结合，通过数据接口共享，形成集成化的控制平台，确保财务管理信息系统的有效运作。这个集成化的平台是确保财务管理信息系统职能发挥的关键。

（六）财务管理信息系统的功能结构

决策与控制是信息化环境下财务管理的两大基本职能，财务管理信息系统也是围绕这两项职能展开功能结构的，具体功能结构如图3-5所示。

财务决策子系统主要包括企业筹资决策信息化、投资决策信息化、股利分配信息化、经营信息化等内容。具体包括用户决策需求分析、决策环境分析、决策模型构建、决策参数获取、决策结果生成等模块。另外，该系统依托模型库、方法库和数据库等基础设施，实现了决策的科学化和精准化。

财务预测子系统利用历史和实时数据，通过信息技术提升预测的科学性和准确性，涵盖利润、市场、销售、资金需求、企业价值和财务风险等多个方面的预测。

信息化环境下的财务评价子系统突破了传统财务指标的局限，实现了多维度、多层面的综合性评价，并能够实现事中评价，及时预警潜在的财务风险。

预算控制子系统依据企业决策和方案，执行和管理预算，并进行监控，确保预算的有效实施。

现金管理在信息化背景下变得尤为重要，其不仅包括传统货币管理，还涉及电子货币结算和在线管理。它关注现金支出控制、现金流变动监测，并根据需求进行资金安排。大型企业可通过核算中心实现资金的统一管理和配置。

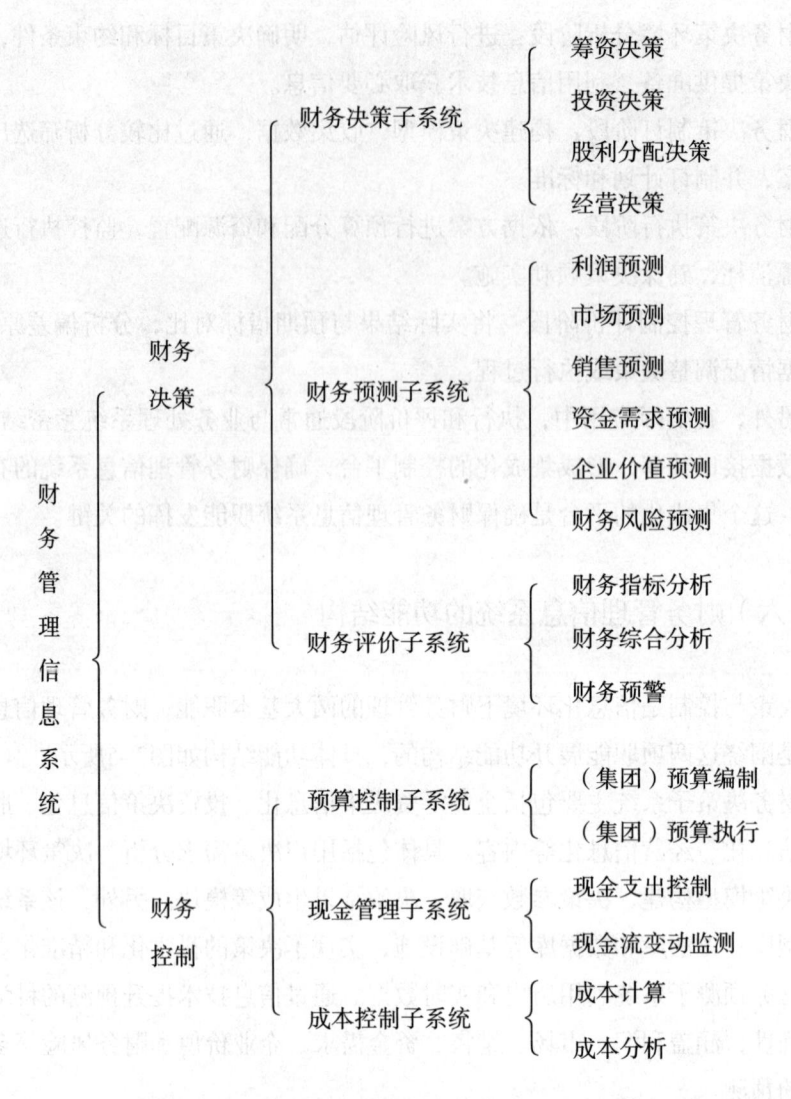

```
                                    ┌ 筹资决策
                     ┌ 财务决策子系统 ┤ 投资决策
                     │              │ 股利分配决策
                     │              └ 经营决策
                     │
              ┌ 财务 │              ┌ 利润预测
              │ 决策 │              │ 市场预测
              │     │ 财务预测子系统 ┤ 销售预测
              │     │              │ 资金需求预测
              │     │              │ 企业价值预测
  财务        │     │              └ 财务风险预测
  管理        ┤     │
  信息        │     │              ┌ 财务指标分析
  系统        │     └ 财务评价子系统 ┤ 财务综合分析
              │                    └ 财务预警
              │
              │     ┌ 预算控制子系统 ┌ （集团）预算编制
              │     │              └ （集团）预算执行
              │ 财务 │
              └ 控制 ┤ 现金管理子系统 ┌ 现金支出控制
                    │              └ 现金流变动监测
                    │
                    └ 成本控制子系统 ┌ 成本计算
                                   └ 成本分析
```

图3-5 财务管理信息系统的总体功能结构[①]

成本控制子系统与成本核算子系统协同工作，完成成本计算和分析，进而采取有效措施降低成本，提高成本管理效率。

---

① 王盛.财务管理信息化研究[M].长春：吉林大学出版社，2020：24.

第二节 数字化转型背景下财务管理的信息化

在数字化时代，财务管理信息化是企业提高效率、优化决策和增强竞争力的核心手段。信息技术尤其是大数据、云计算和人工智能的广泛应用，正引领财务管理的深刻变革。利用信息技术，企业能够高效处理和分析财务数据，从而有效提升决策的科学性和准确性，并通过自动化和智能化的财务流程，极大地提高财务工作的效能。

一、数字化时代的财务管理平台

（一）数字化与信息化的区别

信息化主要是将传统业务流程数字化，通过信息系统来管理，即将业务从线下转移到线上，以提高业务运营的效率。在企业价值方面，信息化的目标是支持业务的开展和提升效率，技术上通常以功能模块的形式进行开发和应用。

相比之下，数字化转型是信息技术与产品或业务深度融合的产物。数字化的核心在于数据，它利用新一代信息技术，将业务转化为数据，将数据转化为资产，将资产转化为服务，将服务转化为价值。数字化通过业务的在线化和数据的智能化，实现基于数据的决策、管理和创新。可见，信息化是业务的数字化管理，而数字化是数据驱动的业务创新。

在数字化背景下，财务管理的信息化成为企业转型的关键环节。简而言之，财务管理的信息化不仅提升了财务部门的工作效率，也为整个企业的数字化转型提供了坚实的数据基础和决策支持。

（二）财务管理信息化中的主要信息技术

财务管理信息化除了构建信息平台的基本技术外，还需要应用其他信息技术以更好地完成财务管理目标。

1. 因特网、企业内部网和企业外部网技术

（1）因特网技术。作为全球性的计算机网络系统，因特网可以通过通信协议连接不同地理位置的计算机，使企业进行电子邮件收发、远程登录、文件传输和网页访问，实现信息的即时共享和低成本协调管理。

（2）企业内部网技术。基于因特网技术构建的企业内部专用网络，可以用于企业内部信息和数据的传输与交换。它为电子商务提供了基础，可以使用户通过统一的网络浏览器进行决策执行、生产分工和销售等商务活动，促进了部门间的流畅协作，并实现了信息的高度共享和动态交互。

（3）企业外部网技术。可以运用因特网技术将企业内部网与外部的合作伙伴、供应商等联结起来，形成信息交换网络。这种封闭网络使价值链中的企业能够安全、便捷地共享信息和进行线上交易，同时避免了开放网络的安全风险。

2. 电子商务技术

电子商务技术随着信息技术的发展和经济全球化的推进而不断演进。作为一种基于现代信息网络的新型商务形式，电子商务涵盖了通过信息网络进行的所有商品与服务交易活动。

在企业视角下，电子商务不仅涵盖对外部市场的商务活动，也包括内部的经营管理。通过因特网的电子数据交换，企业能够完成广告、营销、物流、协作和售后等商务流程。同时，它支持企业内部与外部活动的信息化和网络化协同。

电子商务具有以下优势和特点：

第一，开放性。电子商务打破了地理界限，为企业提供了更广阔的市场接入点，满足了更广泛的需求。

第二，全球统一性。电子商务促进了全球商务活动的标准化，其要求企业在技术条件下遵循统一规则，实现了信息共享。

第三，安全性。保护交易信息和确保交易安全是电子商务的关键，需要法律法规和规范来保障。

第四，协调性。其对企业的协调能力提出了新的要求，需要与全球供应商、客户和合作伙伴进行有效协调，并采用统一的技术标准和商务平台。

3.数据仓库、数据挖掘与商务智能技术

（1）数据仓库

不同于常规数据库，数据仓库是一个集成的多数据源集合，专为决策支持设计。它可以存储历史数据，供管理层进行深入分析和决策。

（2）数据挖掘

这一技术通过分析大量数据来提取有价值的信息，并预测未来趋势，是发现数据潜在价值的关键工具。

（3）商务智能技术

虽定义多样，但普遍认为商务智能是通过信息技术收集、管理和分析数据的过程，旨在提升决策的效率、准确性和可靠性。

4.信息系统集成技术

信息系统集成技术通过连接系统的核心部分和要素，形成统一的整体，是企业信息化中解决复杂系统效率问题的关键。它优化了企业业务流程，实现了绩效的动态监控，并有效解决了信息孤岛问题。

集成技术主要分为三个层次：第一，物理集成，可以通过构建包含硬件和软件的集成平台，实现技术环境的统一；第二，数据和信息集成，可以通过统一的数据规划和管理，促进跨部门和层级的信息共享；第三，功能集成，可以通过统一规划部门功能，实现跨部门的协同工作。

此外，信息系统集成还包括过程集成和企业集成。过程集成通过协调不同流程，消除冗余步骤，提升财务管理效率。企业集成则包括内部的人、管理和技术的整合，以及基于外部网络实现的企业间的信息交换和业务协同。

（三）财务管理信息系统的技术平台

财务管理信息系统的技术平台由各种网络基础设施和软件系统组成，包括网络硬件基础设施、支撑软件系统、应用软件系统、企业应用模型、企业个性化配置系统和安全保证体系六个部分，如图3-6所示。

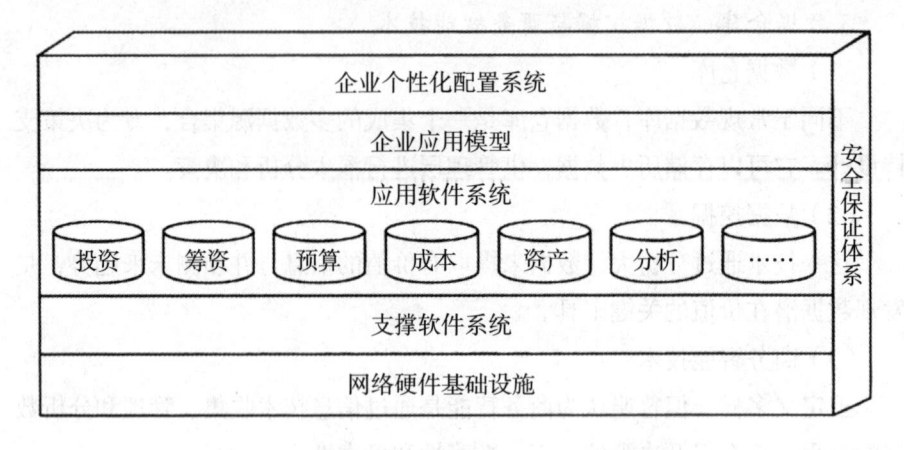

图3-6　财务管理信息系统技术平台的结构[①]

1.网络硬件基础设施

网络的硬件设施构成了财务信息管理系统的物理基石，它们是实现财务管理数字化不可或缺的硬件环境。这些硬件设施作为技术平台的实体基础，为财务信息的数字化运作提供了必要的物质条件，是推进财务管理数字化进程的关键前提。

---

① 王盛.财务管理信息化研究[M].长春：吉林大学出版社，2020：31.

2. 支撑软件系统

支撑软件系统是构建财务管理信息平台的关键，涵盖网络操作系统、数据存储库以及各类辅助工具软件等。这些基础软件系统的安全性直接关系应用系统的安全以及业务数据的保密性。

3. 应用软件系统

财务管理的应用软件系统是现代企业管理架构中的核心组成部分，它涵盖投资、筹资、预算、成本、资产、分析等多个关键领域。它通过集成先进的信息技术，将复杂的财务管理流程数字化、自动化，从而极大地提高企业的财务管理的效率和精确度。

4. 企业应用模型

企业应用模型是企业根据特定需求定制的财务管理解决方案。企业通常会选择包括资产管理、资金筹集、投资决策、预算控制和成本核算在内的系统。集团企业还会额外引入战略规划、风险控制和集团资金管理等高级应用系统。

5. 企业个性化配置系统

企业个性化配置系统允许企业根据自身的管理模型，在系统中筛选并实现特定的功能需求。该系统能够根据管理模型的特定需求调整参数，创建一个既体现企业特色又能满足其特定需求的定制化解决方案。

6. 安全保证体系

安全保证体系是一套综合系统，旨在为财务管理信息化技术平台及其信息处理过程提供全面的安全保护。该体系涵盖风险全面分析与评估、安全技术保障、安全控制策略、法律法规框架、安全机制的建立、信息安全组织的配置以及安全产品的选择等多个方面的内容。

二、企业财务管理信息化应用存在的问题与对策

（一）企业财务管理信息化应用存在的问题

1. 系统架构与功能不足

企业财务管理信息化系统在设计和功能上尚未完全满足多样化需求，存在数据整合和系统兼容性问题，这导致信息共享和传递效率低下，需不断更新升级以适应企业发展。

2. 专业人才短缺

企业在财务管理信息化推进中面临复合型人才稀缺的问题，难以有效实施信息系统规划与设计，这影响了财务管理的效率和数据的准确性，难以满足定制化需求。

3. 企业信息化资源投入不足

财务管理信息化需要大量资金投入，包括硬件、软件、网络和培训等。资金不足导致设备更新和系统功能受限，影响人员技能提升。

4. 信息安全风险

数字化转型带来信息安全风险，包括硬件故障、操作失误、系统漏洞等。缺乏有效防范可能导致数据泄露或损坏，特别是关键数据存储于第三方平台时，风险更大。

（二）企业财务管理信息化转型的对策

要确保企业财务数字化转型的顺利进行，可采取以下对策。

1. 确保必要的资源投入

企业高层须认识到数字化转型的重要性，并将其纳入战略规划。应建立

专业团队，明确转型目标和责任分配，通过培训提升员工对数字化的认识和参与度，确保转型计划的有效执行。

2.组建财务数字化复合型人才队伍

企业应通过招聘和培训，建立一支既懂财务又懂数字化的人才队伍。企业可以提供有竞争力的薪酬吸引专业人才，定期培训以提升员工技能，鼓励学习行业先进经验，实施差异化培训以满足不同岗位需求，完善激励机制以提高员工积极性。

3.强化财务信息安全建设

信息安全是数字化转型的关键。企业应选择信誉良好的供应商合作，制定严格的数据使用规范和高级加密措施，建立应急预案以快速响应安全事件，指定专人负责信息安全，定期维护系统，以确保风险管理和预警机制的有效性。

第三节 数字化转型背景下财务管理信息系统的实施

在数字化背景下，财务管理信息系统的实施是企业实现财务数字化转型的关键步骤。这一过程涉及对企业财务流程的重新设计和优化以及信息技术的深度融合与应用，旨在提高财务数据的处理效率、准确性和安全性，从而为企业决策提供更加准确和及时的财务信息支持。

一、数字化背景下企业财务管理问题研究

为有效应对实际挑战并确保企业财务管理信息系统的成功部署，必须对企业当前的财务状况和主要问题进行深入的分析与研究。这项分析工作主要分为两个层面：首先是宏观层面的财务管理，其次是微观层面的财务管理信息系统。通过细致地剖析问题及其成因，可以为问题的解决提供明确的方向。

在对企业财务管理信息系统的现状进行分析时，需要全面审视企业目前所采用的财务系统以及其在财务核算、资金管理、预算控制、报表合并和财务分析等方面的运作情况。通过对这些领域中存在的问题进行深入的探讨，可以为后续的需求分析和系统实施工作打下坚实的基础。

分析的起点是识别问题，而整个研究的进程都是以这些问题为核心展开的。最终，基于对问题的深入研究，提出针对性的解决方案和保障措施，以确保企业财务管理信息系统的顺利实施和有效运作。

比如，A公司是一家综合性的食品企业。作为一家大型企业，A公司在总部之外，还设有两个分支机构。目前，A公司存在的财务管理信息系统问题总结如下。

（1）财务数据分散。A公司总部与分支机构间财务数据不统一，导致信息孤岛，影响数据整合与及时获取。

（2）预算管理依赖人工。预算编制和分析主要通过Excel手动操作，缺乏系统性支持，导致预算控制不精确。

（3）资金使用监管不足。总部对分公司资金使用缺乏实时监控，资金使用效率低下，存在潜在风险。

（4）合并报表效率低。合并报表工作高度依赖人工，效率低下，准确性和规范性不足。

二、数字化背景下企业财务管理信息系统的实施

企业财务管理系统实施方案设计包括根据企业发展现状及需求进行软件选型、确定系统实施设计方案等。

（一）企业财务管理信息系统选型

在当前多样化的财务管理软件市场中，企业在选型时应综合考虑自身需求和市场状况。尽管市场上通用型财务管理系统功能全面且操作简便，但它们可能在特定行业的应用上不够深入。企业在选型时需平衡决策层对权限和数据实时性的关注、生产部门对成本控制的需求、销售部门对应收账款的重视、财务部门对核算效率的追求以及技术人员对技术先进性和系统维护的要求。企业应建立以业务需求为主、技术为辅的选型原则，确保所选系统既满足当前业务需求，又能适应未来发展。在进行软件选型前，企业应对供应商进行深入调研和分析，以挑选出性价比高、实施和维护成本低的财务管理系统，从而降低实施成本并确保系统质量。

目前，市面上流行的财务管理信息系统软件的优缺点见表3-2。

表3-2　国内外财务管理信息系统软件的优缺点[1]

国内外财务管理信息系统软件	优势	缺点
用友	国内用户量最大、经验最丰富的财务管理信息系统软件，在提供全面售后服务方面表现卓越	部分产品在结构设计上显得较为固定，缺乏灵活性；在可视化展示方面也不够突出；同时，一些产品的系统稳定性有待提升
金蝶	具有明确的市场定位，致力于为中国本土企业提供专业的财务管理信息系统解决方案，同时保持了较高的性价比优势	在细节功能的处理上，存在一定的优化空间，其与用户需求的匹配度尚需提高

---

[1] 任健.MN公司财务管理信息系统实施方案研究[D].西安：西安理工大学，2018.

续 表

国内外财务管理信息系统软件	优势	缺点
4Fang	具有广泛的适用性，能够满足从农业到工业，再到餐饮、交通、建筑等多个行业的个体企业的财务管理需求，具有强劲的市场竞争力和推广潜力	功能虽全面，但在特定行业的适用性上不够精准，导致在某些领域的竞争力不足
新中大	在创新方面表现突出，致力于引入前沿的管理理念，在中国市场上率先提出了"互动管理"的财务管理信息系统软件概念	可能无法满足企业长期财务管理的需求，也不适用于成长型企业的可持续发展
SAP	系统功能完善且强大，二次开发能力强，系统运行稳定，服务好，售后服务完善	价格昂贵，实施周期长，对业务系统的要求较高，实施风险大

（二）企业财务管理信息系统实施方案的设计

企业财务管理系统实施方案的设计包括财务核算实施方案设计、资金管理实施方案设计等内容。

1.企业财务核算实施方案设计

预算管理是旨在实现公司的既定战略目标，对各种资源进行预测和分配，促进各种资源的优化配置，对企业经营活动的全过程进行控制的一种管理工作。其目标是实现有效组织生产经营相关工作以及调配和管理企业资源。

（1）专设预算管理岗，细化预算管理工作

企业应设立专门的预算管理岗位，以提升财务部门的职能细分和工作效率。预算管理人员需负责协调和管理各分支及部门的预算编制，确保责任明确，提高跨部门合作。在制定预算时，需细致分析经济和行业状况，预测成本变动，确保预算的准确性和适应性。预算方案应具备灵活性，能够根据经营环境和管理需求的变化进行及时调整。

（2）简化预算管理流程，通过系统操作预算编制、修改、执行工作

企业应通过简化预算管理流程并利用系统化操作来提高预算编制、修改

和执行的效率。通过集中管控，企业可以有效管理总公司和分公司的预算，降低预算风险，促进公司向整体化和区域协同的方向发展。

具体实施策略包括在系统中嵌入预算编制公式和指标，实现数据的自动上报和处理。预算编制、调整、分析和执行等流程模型应整合入系统，使系统能够自动完成预算相关工作，减少人工干预。企业只需输入相关经营和业务数据，系统便能自动进行预算编制和分析，提高准确性和效率。此外，系统还能支持滚动预算的编制和监督，使管理层能够便捷地依据系统提供的信息有效地管理企业整体预算。

（3）统一管理预算工作，实现预算管理的集中控制

企业应实现预算管理的集中控制，通过系统化手段统一各分公司的预算工作流程。分公司需通过系统向总部提交预算申请，系统自动核对申请与预设标准，决定是否批准。执行过程中，总部可通过系统实时监控和分析分公司的预算执行情况，并根据执行结果自动更新预算，形成动态的滚动预算管理。

总公司应定期评估和分析预算执行情况，与计划进行差异分析，有效监督并控制预算执行，实现财务管理的集中化。预算管理应遵循一致性、可控性、灵活性和协调性等原则，确保预算目标既满足分公司需求，又符合整体战略规划。同时，应考虑不确定性因素，设置弹性预算，确保预算的可调整性，并在预算分解中注意协调各分公司利益，以实现整体与局部的和谐发展。

2.企业资金管理实施方案设计

企业资金管理是确保企业稳健发展的关键，但目前许多企业在资金运作上缺乏集中化管理，导致效率不高。为此，企业需改革资金管理策略，通过金融工具的合理运用，强化资金的集中控制，以提升资金管理的整体效率和效能。

（1）在财务部下专设资金管理岗

企业在财务部门内应设立专门的资金管理岗位，以统一和规范资金管理职能。该岗位负责监督资金的调拨、使用和风险控制，确保资金集中运作，统一管理分公司的融资和借贷活动。通过集中管理，可以优化资本资源的全公司再分配，降低筹资成本，并通过内部结算体系减少资金周转时间和费

用，有效提升资金使用效率和降低风险。

（2）统一和完善资金管理流程

企业需在规范资金管理职能的基础上，进一步统一和优化资金管理流程。随着信息系统的实施，资金管理流程将发生变化，因此需要对资金计划、预测和风险管理等流程进行统一和完善。

资金管理流程涵盖资金计划、日常收付核算、资金调配、风险和增值管理等方面的内容，具体包括资金计划的制订、申请和执行，以及银行存款、库存现金和票据的管理，如图3-7所示。资金管理作为公司经营和财务管理的核心，支持企业跨地域、跨行业的发展，从而实现资金的集中管理和统一调控，降低风险，满足企业发展需求，并确保资金流动的安全性。

资金管理模块通常包括账户管理、资金计划管理、票据管理和数据统计等关键组成部分。例如，用友NC系统提供的资金管理功能就包括存款管理、信贷管理和汇票管理等，以支持企业资金管理的全面性和高效性。

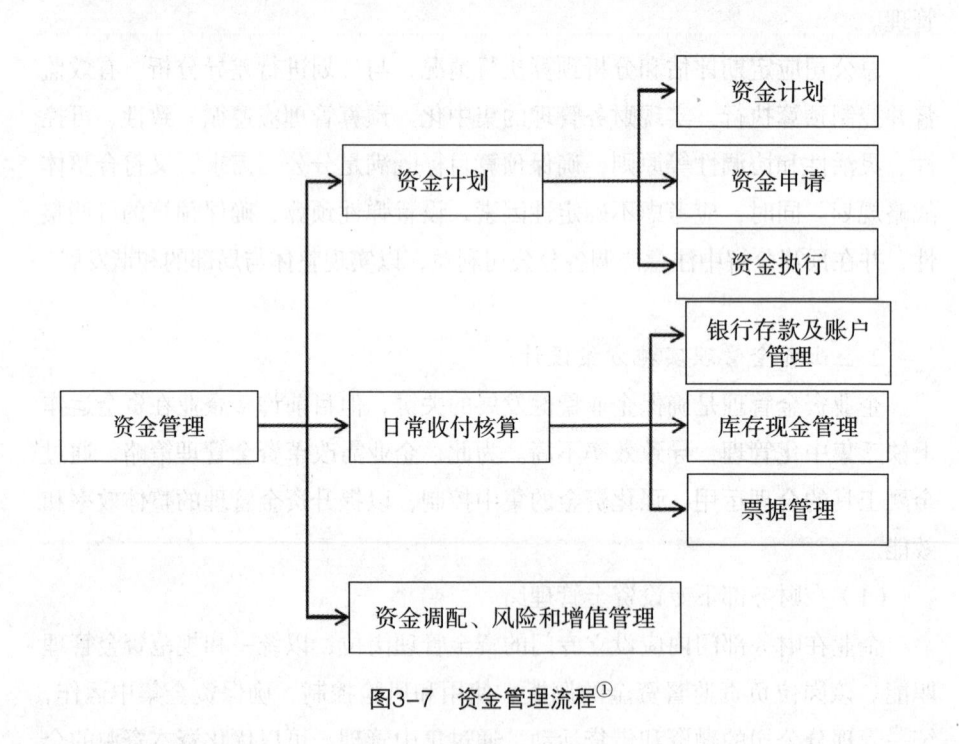

图3-7 资金管理流程[①]

---

① 任健.MN公司财务管理信息系统实施方案研究[D].西安：西安理工大学，2018.

（3）通过系统实现对资金的统一管理和控制

为实现对企业资金的高效统一管理与控制，企业需构建一个全面集成的资金管理系统。该系统应与总账、应收账款、应付账款及预算管理模块实现无缝集成，以实现对资金的精细化管理。企业可通过系统预设账户和客户信息，设置安全系数，并自动识别银行信息，确保收付款的准确性与效率。

系统还应使管理层能够实时监控各分公司的资金流动，提升资金透明度，如实时跟踪款项的银行处理状态或客户的收款情况。此外，系统将根据预设的安全参数发出资金预警，自动拒绝超出安全范围的资金流出。

分公司需要根据业务发展制订资金使用计划，并通过系统上报，经总公司审批后，方可使用资金。资金计划的制订和执行应基于业务指标，确保资金的合理分配和使用。

财务管理信息系统应汇总资金计划申请与审批情况，形成月度、季度、年度资金计划，以实现资金的集中管理。总部负责审批资金计划，监控收支状况，并通过系统处理和分析数据，实现与其他模块的数据共享。

分公司应遵循"集中管理、统一开户、分户核算"的原则，确保资金管理模块与财务核算模块的顺畅连接，实现财务数据的自动上传和会计处理。

最终，资金管理应遵循集中性、安全性、效益性和协同性原则，优化资金配置，提高使用效率，建立预警机制，确保资金的合理与安全使用，协调总部与分公司的关系，发挥资金的聚集效应，提升经济效益。

（三）企业财务管理信息系统实施的保障

企业在实施财务管理信息系统时，需要采取以下措施确保成功。

（1）成立专业实施小组。组建由企业内部人员和软件供应商组成的项目团队，负责系统实施和与顾问团队对接，制订实施方案，并进行系统配置和运行。

（2）加强财务管理制度建设。建立和完善财务管理制度，包括资产管理、成本费用、收入利润、债权债务及预算资金管理，确保制度与国家统一财务制度相一致，并体现企业特点。

（3）增强人力保障。引进和培养专业人才，提高团队专业素养。加强持续学习，更新知识，提升技能以适应系统需求。保持实施团队稳定性，减少人员变动带来的影响。

（4）重视风险控制。主要包括四个要点：①管理变革风险：推动管理理念更新，优化流程，减少改革阻力；②系统实施风险：确保跨部门协作，培养专业人才，预判并控制风险；③运行维护风险：建立有效维护团队，保障系统长期稳定运行；④资金风险：确保资金充足，合理预算，为系统实施各阶段提供资金保障。

通过这些措施，企业可以确保财务管理信息系统的顺利实施和高效运行，提升财务管理的质量和效率。

第四章

数字化转型背景下的财务内部控制与审计

在数字化转型背景下,财务内部控制与审计正经历深刻变革。财务内部控制强调通过数字化手段加强风险预警、实时监控和数据分析,以确保财务数据的安全性和准确性。审计也逐步向数字化审计转型,运用大数据分析和智能审计技术,逐步实现审计作业自动化、实时化和智能化。数字化审计扩大了审计范围,提高了审计效率和精准度,能够帮助企业更全面地评估内部控制效果,从而为管理层提供更有价值的审计意见。可见,数字化转型为财务内部控制与审计带来了新机遇和挑战。

第一节

内部控制与审计的相关概念及发展

一、内部控制与财务内部控制

（一）内部控制

内部控制是指企业为了达成其经营发展目标，确保资产的安全与完整无损，保障信息的准确无误与可靠性，同时促使企业经营方针得到不折不扣的执行，以及维护所有经营活动的经济性、效率与效果，而在组织内部实施的一系列自我调整、自我约束、规划布局、评估监督及控制措施的综合体。[1]这一系列方法与手段的有效运用能够助力企业优化经营管理流程，进而提升企业的经济收益与绩效水平。

（二）财务内部控制

财务内部控制是企业在财务管理实践中采用内部控制的核心理念对各项财务活动实施约束与标准化管理的一种方法。[2]

在财务管理的执行过程中，构建科学合理的财务内部控制体系以规范各项工作，对于确保企业运营活动的科学性和工作流程的规范性具有至关重要

---

[1] 朱翱南.内部控制在企业财务风险管理中的运用研究[J].财经界，2020（25）：167
[2] 袁明慧.企业财务内部控制体系建设思考[J].乡镇企业导报，2024（13）：201.

的作用。

对于企业来说,在数字化转型背景下,企业唯有构建健全的财务内部控制体系,方能有效约束各类财务行为,预防管理风险的发生,从而为企业的稳健发展提供坚实的保障与支持。

二、审计与财务审计

(一)审计

审计是一种系统、独立且客观的确认与咨询服务活动,其核心目标在于提升和优化组织的运营效能、风险管理体系及治理结构的效率与效果。它通过对财务信息的深入核查、精细分析及全面评估,旨在验证组织是否严格遵循了既定的法律法规、政策导向、操作程序及行业标准,并确保财务报告的精确无误。

审计的覆盖范围广泛,超越了单一的财务维度,延伸至组织运营的各个层面,包括内部控制的有效性以及风险管理的健全性、合规性等。因此,执行审计的专业人员需掌握全面的知识体系与实操技能,以便全面评估组织状况,并提出具有针对性的改进策略与建议。

(二)财务审计

财务审计是审计领域的一个重要分支,财务审计专注于评估组织财务报告的精确性与可靠性。

法定审计机构或专业财务审核服务提供者,遵循国家现行的法律法规以及既定的财务审核标准与规范,针对国有企业及其他接受审核的实体,就其资产状况、负债情况及经营成果的真实性、合规性以及经济效益,实施全面、系统的监督与评估活动。

财务审计要求详尽审查资产负债表、利润表、现金流量表等核心财务报表，确保这些报表能够真实、全面地反映组织的财务健康状况与经营绩效。

在审计工作过程中，财务审计师应灵活运用多种审计策略与技术手段，如访谈、现场观察、文档检查、外部函证及数据复核等，以搜集充分、可靠的审计证据，为后续的审计结论提供坚实支撑。最终，基于详尽的审计工作与深入分析，审计师将出具审计报告，就财务报告的准确性和可靠性给出明确的专业意见。

三、内部控制与审计的发展阶段

内部控制的发展是一个逐渐完善和成熟的过程，它在不同的发展阶段表现出不同的特点，如表4-1所示。

表4-1 内部控制发展阶段及其特征

发展阶段	主要特征
内部控制时期	通过岗位间的明确分工，特别是财务、资产与物资管理的分离，以及账目间的相互核对机制，初步构建内部控制的雏形
内部控制制度成形期	20世纪40年代以后，内部控制体系开始围绕企业业务架构构建，其影响力不仅限于资产安全与记录准确，更延伸至企业运营的多个层面，"制度二分法"的确立标志着内部控制被明确划分为内部会计控制与内部管理控制两大板块
内部控制结构深化期	约在20世纪80年代，美国注册会计师协会通过55号审计准则公告引入"内部控制结构"概念，替代了原有的"内部控制制度"，强调内部环境、会计系统与控制程序三者并重，实现了由二分法向三分法的转变
内部控制整体框架构建期	20世纪90年代，《内部控制——整体框架》明确了内部控制整体框架的控制环境、风险评估、控制活动、信息与沟通、监控五大要素，标志着内部控制理论与实践迈入了一个全新的综合发展阶段
基于企业风险管理的内部控制新阶段	进入21世纪后，内部控制体系更加完善，确认了企业风险管理的四大目标（战略、经营、报告、合规）、八大要素（内部环境、目标设定、事项识别、风险评估、风险应对、控制活动、信息与沟通、监控），以及跨层级的全面风险管理框架，覆盖了企业整体、各职能部门、业务单元乃至下属子公司

审计的发展先后经历了四个阶段的变革，即审计1.0阶段、审计2.0阶段、审计3.0阶段、审计4.0阶段，如表4-2所示。

表4-2 审计的发展阶段及其特征

发展阶段	主要特征
审计 1.0 阶段	手工流程审计
审计 2.0 阶段	计算机辅助审计
审计 3.0 阶段	大数据审计
审计 4.0 阶段	数智生态审计

当前，随着商业模式的革新与信息技术的飞速发展，国内外众多企业正处于由"审计2.0"向"审计3.0"转型的关键阶段，部分国内外领军企业则已率先迈入了由"审计3.0"向更高阶的"审计4.0"跨越的崭新阶段。在这一进程中，审计4.0阶段的核心目标聚焦于内部审计的全面数字化实现，是审计发展的必然趋势。

四、内部控制与审计的关系

（一）内部控制促进审计效率和质量的提高

一个健全有效的内部控制体系，能为审计工作的顺利开展提供强有力的支撑。在这样的环境下，会计信息的质量得到了显著提升，数据的真实性、准确性和完整性得到了有效保障，为审计提供了可靠的基础数据。

此外，内部控制的完善有助于减少人为操纵和误差的可能性、降低审计工作的复杂性和风险，使审计人员能够将更多精力聚焦于高风险领域和重大事项上，采用更为高效、精准的审计方法和技术手段，从而提高审计工作的效率和质量。

（二）审计促进内部控制的完善

审计作为企业管理体系中的重要一环，其核心价值不仅在于揭示问题，更在于通过深入地剖析与评估，促进内部控制体系的不断完善与优化。

当审计人员投身于一项审计任务时，他们不仅是对财务数据的简单复核，更是对被审计单位内部控制环境的一次全面体检。在这个过程中，审计人员运用专业知识和技能，系统地识别、分析和评价内部控制的各个环节，从业务流程的合理性、权限分配的恰当性到信息系统的安全性，无一不细加考量。正是通过这样的细致研究，审计人员才能够精准地捕捉到内部控制中的薄弱环节和潜在风险点，如职责分离不严格、审批流程冗余或缺失、信息系统控制不足等。

针对发现的问题，审计人员会提出一系列针对性强、操作性强的改进建议。这些建议涵盖了具体控制措施的加强，如优化审批流程、增强关键岗位的制衡机制、提升信息系统的安全防护等级等，可能涉及管理理念的更新和组织架构的调整，旨在从根本上解决内部控制的短板，构建一个更加稳固、高效的内部控制体系。

综上所述，内部控制与审计之间存在着良性互动的关系，二者可同时促进企业内部管理水平的提升。随着内部控制的不断完善，企业管理层对于风险的认识和应对能力也得到了增强，形成了更加科学、严谨的管理决策机制。而审计作为独立的监督力量，其持续的评价和反馈机制进一步推动了企业内部控制体系的持续优化和升级，形成了一种持续改进、不断提升的良性循环。

内部控制与审计之间的良性循环不仅有助于提升企业的运营效率和市场竞争力，更为企业的长远发展奠定了坚实的基础。

第二节 数字化内部控制的特点及体系设计

一、数字化内部控制的特点

（一）自动化与集成性

1. 自动化

在数字化内部控制框架下，借助大数据、云计算、物联网等前沿技术，企业实现了业务流程的自动化执行。

在数字化内部控制的先进框架内，通过大数据的深入分析与挖掘，企业能够精准把握业务运行中的关键数据与趋势，为内部控制策略的制定提供科学依据，进而实现风险预警与防控的前置化。云计算的灵活部署与弹性扩展能力则为企业搭建了一个高效、安全的信息处理平台，支持海量数据的实时处理与存储，确保了内部控制活动的连续性和高效性。物联网技术的融入更是将内部控制的触角延伸至企业的每一个角落，其通过智能设备间的互联互通、高度集成与自动化的业务流程执行方式，不仅显著提升了内部控制的运作效率与精确度，还极大地降低了人为操作失误、数据录入错误以及信息传递延误等风险，确保了企业内部控制体系的稳健运行。

2. 集成性

数字化内部控制全面覆盖企业运营的财务、采购、销售、生产、人力资源等各个环节，形成了系统性的内部控制网络。

通过精心设计与实施的信息系统与数字化平台的深度整合，企业成功打破了部门壁垒与系统隔阂，实现了跨部门、跨领域的全面数据共享。这一举措促进了信息的透明化与实时性，确保了业务流程在不同系统间的无缝衔接与高效流转。在此基础上，内部控制的各个环节得以更加紧密地协同工作，减少了重复劳动与沟通成本，显著提高了内部控制的整体协同效率与响应速度。

（二）实时性与动态化

1.实时性

数字化内部控制作为现代企业管理的核心组成部分，其实时监控功能是企业稳健运营不可或缺的一环。这一功能通过集成先进的信息技术，如大数据分析、云计算、物联网等，构建了一个全方位、多维度的监控网络。

在实时监控的驱动下，企业能够迅速捕捉到业务运营中的每一个细微变化，无论是销售数据的波动、库存水平的调整，还是财务指标的异动，都能得到即时反馈。这种即时性提高了企业对市场动态的敏感度，为企业决策层提供了宝贵的实时数据支持。

更为重要的是，数字化内部控制的实时监控功能还确保了业务的合规性与风险的可控性。通过实时监控，企业能够及时发现并纠正任何可能违反法律法规或内部规章制度的行为，从而有效预警、防范和评估潜在风险。

2.动态化

数字化内部控制能够根据市场变化与企业经营实际动态灵活调整内部控制策略。在快速变化的市场环境中，企业面临的竞争压力和经营挑战日益加剧。数字化内部控制通过数据分析和模型预测，能够为企业提供精准的市场洞察和趋势预测，帮助企业及时识别并抓住市场机遇。同时，它能根据企业的经营目标和战略定位，对内部控制策略进行动态调整和优化，确保内部控制的时效性和针对性。

数字化内部控制的动态灵活性为企业在复杂多变的商业环境中保持竞争力和稳健发展提供了有力支持。加强数字化内部控制建设是现代企业提升管理水平的必然选择。

（三）标准化与精细化

确立标准化的内部控制流程与规范能够确保业务操作的规范化与标准化。数字化手段进一步强化了管理的精细度，能够有效监测并纠正违规行为，降低企业运营风险。

1.标准化

数字化内部控制系统不仅实现了经济活动从预算编制的源头抓起，历经执行实施的细致操作，再到财务核算的精准把控，最终圆满完成决算总结的全链条无缝管理。这一过程紧密依托"前期周密规划以明确方向、中期严密监控确保执行无偏、后期深入剖析提炼经验"的标准化作业流程，为每一项经济活动构筑了坚实的合规防线，确保了其严格遵循预设标准执行，实现了经济活动管理的透明化、高效化和精准化。

数字化内部控制还表现出流程固化与操作标准化，在先进的数字化内部控制架构中，经济活动的运作流程被精心设计与明确固化，如同精密的机械装置，每一步骤都严格按照预设的程序和准则自动流转，有效排除了人为因素的干扰与随意性，大幅降低了操作风险。这种高度的流程稳定性和规范性提升了工作效率，确保了内部控制的严谨性和有效性。

此外，通过构建统一、规范的数据模型，不仅确保了数据信息的准确无误与高度一致，还依托先进的数字化技术，对数据采集、存储、处理及分析的每一个环节进行了深度优化。这一过程为内部控制提供了丰富、精准、实时的数据支持，犹如坚实的基石，支撑着内部控制体系的稳健运行与持续优化。

2.精细化

数字化内部控制的精细化特点具体表现在以下三个方面。

首先，数字化内部控制可以实时洞察和检测数据。数字化内部控制平台以其强大的实时数据处理能力，确保了经济活动数据能够被即时捕捉并高效处理。这一特性为管理层搭建了一座直通业务前线的桥梁，使他们能够迅速掌握市场动态与内部运营状况，获取及时且精确的信息支持。基于这些鲜活的实时数据，管理层能够做出更加贴近实际、更加精准的决策判断，有效应对市场变化，把握发展机遇。

其次，数字化内部控制可以深度融合人工智能技术，对数据海洋进行深度挖掘与分析，揭示出隐藏在数据背后的复杂规律与未来趋势。这种超越传统分析范畴的智能洞察为管理层提供了前所未有的业务理解深度，能够帮助他们预见挑战、把握机遇，从而制定出更加全面、深入的业务战略与规划。

最后，数字化内部控制可以有效提高管理效率的精细化。数字化内部控制在优化管理流程方面展现出了巨大潜力。通过精简不必要的审批层级与流程节点以及引入自动化与智能化工具，实现了管理流程的高效重构。这一过程显著减少了员工在烦琐审批中的时间消耗与等待成本，促进了流程的标准化与精细化发展，确保了管理活动的规范性与高效性。

（四）可追溯性与可审计性

数字化内部控制系统可实现业务处理的全程记录与可追溯，为审计与检查提供坚实证据基础。

1.可追溯性

数字化内部控制系统以其强大的数据记录与追溯能力，构建了一个透明、可验证的业务处理环境。该系统从业务发起的源头开始，至最终完成，全程记录每一笔交易、每一个操作环节，确保了所有业务流程的完整性和可追溯性。这种详尽的记录为企业的内部管理和运营、后续的审计与检查工作提供了有力的数据支持。

2.可审计性

审计人员通过数字化内部控制系统能够轻松访问这些详尽的数据与记录，无须再耗费大量时间进行烦琐的手工搜集与整理。在现代企业环境中，得益于数字化内部控制系统的强大支持，审计人员现在能够轻松穿越海量数据的迷雾，无须再像以往那样投入大量宝贵时间于烦琐的手工搜集与整理工作中。系统设计的直观用户界面，如同一位贴心的向导，引领审计人员快速熟悉并掌握操作要领，即便是面对复杂的财务数据与业务记录，也能游刃有余。

数字化内部控制系统提供的直观界面和强大的搜索功能，使审计人员能够迅速定位所需的信息，可大大提高审计工作的效率。具体来说，数字化内部系统具有强大搜索功能，如同配备了精准的雷达系统，能够迅速捕捉并锁定审计人员所需的关键信息。无论是想要追踪一笔特定的交易记录，还是需要对某类业务活动进行深度分析，只需输入几个关键词，系统便能在瞬息之间完成筛选与呈现，极大地降低了信息检索的时间成本。

（五）市场竞争下的有效性

基于企业生命周期的视角，不同发展阶段的企业面临着各异的经营目标与管理重心，这些变化直接关系内部控制的有效实施程度。产品市场竞争度越大，数字化转型提高内部控制的有效性越明显。[①]

具体而言，在企业的成长期，如同"万象更新"，组织结构与规章制度尚处在构建与完善阶段，对于外界环境的适应以及信息的流通与交换也处于摸索过程。在这一阶段，由于多种不确定因素的存在，财务报告中内部控制方面暴露出实质性缺陷或漏洞的可能性相对较高。同时，数字化建设处于初期探索阶段，其对于提升内部控制的潜力尚未完全展现。

相较于处于初创或成长阶段的企业，那些步入成熟与转型期的企业，其组织架构与管理体系已臻成熟完善，展现出对外部环境变化的敏锐适应力与高度灵活性。同时，它们构建了高效且全面的内外部信息沟通平台，确保了信息的顺畅流通与及时反馈。基于这样的坚实基础，此类企业拥有了更为丰富的资源与优势，以加速推进数字化转型的深化进程。在这一过程中，数字化手段与技术被无缝整合至内部控制架构之中，极大地增强了内部控制活动的智能化与精细化水平，不仅提升了执行效率，还显著增强了内部控制的效果与影响力。

---

① 郜保萍.企业数字化转型与内部控制有效性[J].会计之友，2023（4）：127-133.

二、数字化内部控制的体系设计

(一) 内部控制的环境体系设计

在数字化时代背景下，构建和优化内部控制环境体系显得尤为关键，深刻影响着企业的运营效率与效能，具体应从管理制度和组织架构两个方面入手，如图4-1所示。

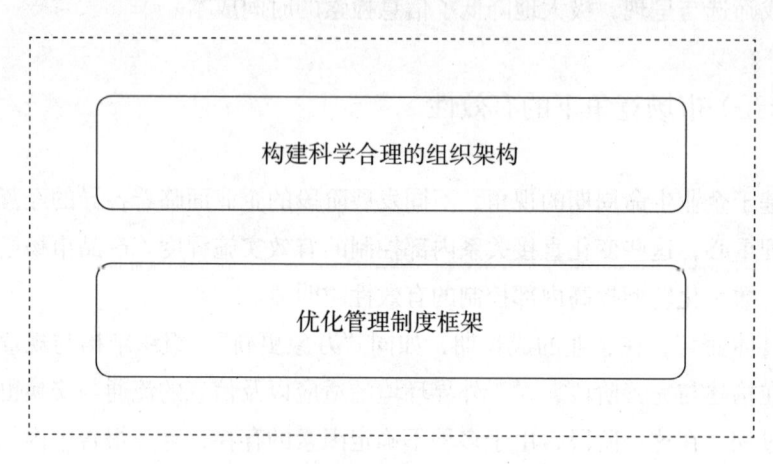

图4-1　内部控制的环境体系设计

1.优化管理制度框架

优化财务内部控制生态的首要之务是优化管理制度框架。财务内部控制体系是企业财务管理中的核心环节，其可以实施一系列内部控制措施，旨在全方位掌控企业运营、规范管理流程并有效防范潜在风险。构建并完善制度体系，需企业全面审视影响工作效率与质量的各类因素，系统梳理现有制度，精准识别管理流程中的潜在问题与瓶颈，实施动态优化策略。企业应定期审视并跟进各项工作的执行情况，迅速捕捉管理流程中的不足之处，确保制度能够持续推动工作改进。

在执行层面，企业应细致分析各级员工的制度遵循情况，表彰那些严格遵守制度规范、高效执行工作任务的员工，并对未能有效执行制度的员工采取适当的纠正与激励措施，通过奖惩并施的方式，激励员工自我提升，实现岗位优化与人员约束的双重目标。

2.构建科学合理的组织架构

构建科学合理的组织架构是提升管理效能的关键。

企业在管理实践中，应当高度重视并精心规划其组织架构设计，以确保其不仅能够高效支撑并优化管理流程，实现资源的合理配置与快速响应市场变化，还能有效规范员工行为，构建一个清晰、有序的工作环境。

一个科学合理的组织架构应当明确界定各部门的职责范围与权限分配，确保各岗位间既有紧密的协作关系，又避免职能重叠与责任不清的现象发生。这不仅有助于提升工作效率，减少内耗，还能增强员工的责任感与归属感，促进企业的整体凝聚力与执行力。

通过明确各岗位的职责范围与工作要求，制定详尽的岗位说明书，企业能够确保每位员工都清晰了解自己的职责所在，并在工作中形成既相互协作又相互监督的良好机制。此外，企业应推动各级员工间的有效沟通与协作，确保财务内部控制工作能够依托完善的制度框架，实现对各项工作的全面约束与高效执行，从而构建出一个健康、有序、高效的财务内部控制生态。

（二）内部控制的财务管理体系设计

设计数字化内部控制财务管理体系是一个全面性的流程，该流程旨在利用先进的数字化技术和工具，不断强化和提升财务管理的效率、精确度和透明度，具体包括图4-2所示内容。

1.推行精细化预算管理

精细化预算管理是预先规划、监控企业资源分配与利用的有效手段。它通过建立预算目标体系，引导企业各项活动围绕既定目标有序进行，确保企业发展战略的顺利实施，具体操作如下：

```
┌─────────────────────────────────────┐
│   ┌─────────────────────────┐       │
│   │   推行精细化预算管理    │       │
│   └─────────────────────────┘       │
│                                     │
│   ┌─────────────────────────┐       │
│   │   优化财务成本控制      │       │
│   └─────────────────────────┘       │
│                                     │
│   ┌─────────────────────────┐       │
│   │   优化授权审批流程      │       │
│   └─────────────────────────┘       │
│                                     │
│   ┌─────────────────────────┐       │
│   │   加强资金集约化管理    │       │
│   └─────────────────────────┘       │
│                                     │
│   ┌─────────────────────────┐       │
│   │   加强固定资产管理      │       │
│   └─────────────────────────┘       │
└─────────────────────────────────────┘
```

图4-2 内部控制的财务管理体系设计

（1）明确预算管理责任体系，构建全员参与的预算管理文化，确保每位员工都了解自己的预算管理职责，将预算目标细化至具体岗位。

（2）采用科学合理的预算编制方法，如零基预算法，结合企业实际情况和未来规划，充分吸纳基层意见，确保预算的可行性和准确性。

（3）强化预算执行刚性，建立定期分析与监控机制，严格控制支出，确保每一笔开支都在预算框架内。

（4）对预算偏差及时响应，迅速调整，以保持预算管理的灵活性和有效性。

（5）建立预算绩效评价体系，将预算执行结果与员工绩效挂钩，激励员工积极参与预算管理，提升整体管理效能。

2.优化财务成本控制

财务成本控制是企业财务管理的核心环节，随着内部控制体系的持续完善，企业应积极探索目标成本管理与作业成本管理的深度融合，以全面提升成本管理的综合效能。

具体而言，应将成本控制目标细化至各岗位与个人，以目标成本为指引，有序开展成本控制活动。基于成本的实际支出情况，企业应制定详尽的财务成本控制规划，科学分配成本费用，精确把控业务与管理环节的成本消耗，及时发现并优化高成本环节，通过实施有效的成本控制策略，降低支出，提升经营效益。在此过程中，企业应牢固树立成本控制意识，将成本管理置于经营管理的核心地位。

3.优化授权审批流程

授权审批是企业内部控制的重要环节，对于控制支出、防范风险具有重要意义。要实现这一目标应做到以下几点：

（1）企业应明确各岗位在授权审批中的职责与权限，形成权责清晰、配合默契的管理模式。

（2）针对不同类型的事项，建立差异化的审批机制，确保审批程序既严格又高效。对于大额资金支出等重要事项，应实行集体决策制度，确保决策的科学性和民主性；对于日常小额支出，则可在合理授权范围内由相关人员自主决策，提高审批效率。

（3）加强对授权审批过程的监督与检查，防止权力滥用和违规操作。

4.加强资金集约化管理

资金集约化管理应以"收支两条线"为基本准则，实现资金的统一集中管理，包括资金收支、凭证票据等，以提升资金管理效率，确保资金安全，优化资金周转率。为此，企业应进一步完善银行对账与资金盘点机制，规范资金收支管理流程，保障资金安全。同时，应指派专人负责库存现金的审核工作，实现资金管理的全面性与针对性。

在日常资金清查中，应及时发现并处理资金与资产的异常情况，对于发现的问题，应严格执行责任追究机制，对违规行为进行惩处，以增强资金管理人员的内部控制意识，确保资金管理的有效性与高效性。

5.加强固定资产管理

固定资产是企业资产的重要组成部分，其管理水平直接影响企业的运营效率和资产安全。企业应建立健全固定资产管理制度，规范固定资产的采购、使用、处置等各个环节。

（1）在采购环节，要基于实际需求制订采购计划，避免盲目采购和浪费。同时，要加强采购过程的监督与管理，确保采购活动的合规性和经济性，并定期对固定资产进行盘点和清查，确保资产账实相符。

（2）为了优化资源配置并提升资产使用效率，企业需加强对资产使用状态的全面监控与深入分析，及时发现并精准识别闲置资产及低效使用情况，迅速制定并实施针对性改进措施。这一过程有助于减少资源浪费，能显著提升企业的整体运营效率与盈利能力。

（3）为了优化资源配置并确保企业运营的顺畅，建立完善的资产报废与处置机制至关重要。这一机制要求明确资产报废的标准与流程，确保所有资产处置操作均符合法律法规要求，以维护企业的合法权益，同时提升资产管理的透明度和规范性。

（三）内部控制的信息沟通体系设计

数字化内部控制的信息沟通体系设计是确保企业内部各部门、各层级之间信息流通顺畅、高效、准确的关键环节。良好的数字化内部控制体系的设计离不开多样化的沟通渠道体系的构建，如图4-3所示。

```
┌─────────────────────────────────────────────┐
│    ┌─────────────────────────────────┐      │
│    │      营造良好的企业沟通氛围      │      │
│    └─────────────────────────────────┘      │
│                                             │
│    ┌─────────────────────────────────┐      │
│    │    推行标准化的报告流程和模板    │      │
│    └─────────────────────────────────┘      │
│                                             │
│    ┌─────────────────────────────────┐      │
│    │     建立严格的信息验证机制       │      │
│    └─────────────────────────────────┘      │
└─────────────────────────────────────────────┘
```

图4-3　内部控制的信息沟通体系设计

1.营造良好的企业沟通氛围

企业应致力于打造一种深入骨髓的开放与包容的文化，这种文化应体现在日常运营的每一个细微之处，深深植根于企业的沟通体系中。为了构建一个充满活力与创造力的工作环境，企业应主动营造一种无惧表达、鼓励探索的沟通氛围。在这一环境中，每位员工都被视为企业宝贵的知识资源，他们的见解与反馈被视为推动组织不断前行的重要动力。

为了确保信息的自由流通与高效利用，企业应积极构建一套上下贯通、左右互联的信息流动机制。这一机制应鼓励跨层级、跨部门之间的直接沟通与协作，从而打破传统壁垒。还应通过定期的跨部门会议、员工大会、匿名建议箱、在线反馈平台等多种形式，确保每位员工的声音都能被听见，每个有价值的意见都能被重视与考虑。

此外，企业还应建立一套完善的反馈与响应机制，确保员工的每一条建议或反馈都能得到及时、有效的处理与回复。这种积极的响应态度不仅能激发员工的参与热情与归属感，还能进一步增强企业的凝聚力与向心力，为企业的持续发展奠定坚实的人才基础。

2.推行标准化的报告流程和模板

针对关键信息，企业应推行标准化的报告流程和模板，以增强信息的统一性和可读性，便于全体成员准确理解、及时获取公司最新动态与重要决策信息，保持信息同步。

具体而言，企业应首先明确哪些信息被视为关键信息，包括但不限于财务状况、市场趋势、项目进展、战略调整、重要决策等。随后，基于这些关键信息的特性与需求，设计并推广一套标准化的报告模板。这些模板应涵盖信息的核心要素，采用统一的格式、术语和编码规则，确保无论是由哪个部门或团队提交，信息都能以一致的面貌呈现给接收者。

在推行标准化的报告流程方面，企业应制定明确的提交时间、审批流程、分发渠道以及反馈机制。通过设定固定的报告周期（如日报、周报、月报等），确保关键信息的及时更新与传递。同时，应建立清晰的审批流程，确保信息的真实性与准确性得到验证。在分发环节，可利用企业内部的通信平台、邮件系统或专门的信息管理系统，确保信息能够迅速、准确地送达每一位相关成员。此外，还应建立有效的反馈机制，鼓励员工对报告内容提出疑问、建议或补充，以进一步完善信息体系。

通过推行标准化的报告流程和模板，企业不仅能够增强信息的统一性和可读性，降低沟通成本，提高决策效率，还能促进全体成员之间的信息同步与协作。这将有助于企业更好地把握市场动态，及时调整战略方向，确保在激烈的市场竞争中保持领先地位。同时，这也有助于提升员工的归属感和满意度，因为他们能够清晰地了解公司的最新动态与重要决策信息，感受到自己在企业发展中的价值与贡献。

3.建立严格的信息验证机制

在信息准确性方面，企业应建立严格的信息验证机制，通过多层审核流程来减少误传和信息扭曲的风险，确保信息的真实性和有效性。

此外，企业还应定期组织跨部门的沟通会议或合作项目，以打破部门间的界限，促进不同团队间的紧密合作与知识交流。

通过上述举措，企业能够显著提升内部信息交流的效率和质量，确保信息在适宜的时间准确传达给相关人员，从而加快决策进程，提升执行力，并进一步强化组织的整体协同效能。

（四）内部控制的风险防控体系设计

设计数字化内部控制的风险防控体系是一项既复杂又系统的工程，其核心目标在于运用数字化技术来提高内部控制的运作效率，确保能够精准识别并妥善应对各类潜在风险。下面提供一个基于高度权威资料构建的数字化内部控制风险防控体系设计框架来作为参考，如图4-4所示。

```
┌─────────────────────────────────┐
│   构建全员参与的风险管理体系    │
└─────────────────────────────────┘

┌─────────────────────────────────┐
│        强化风险分析机制         │
└─────────────────────────────────┘

┌─────────────────────────────────┐
│        优化风险应对策略         │
└─────────────────────────────────┘
```

图4-4 内部控制的风险防控体系设计

1.构建全员参与的风险管理体系

内部控制风险防控体系的构建应邀请企业全体员工参与其中，风险管理体系需紧密围绕财务内部控制的核心目标对管理流程进行持续优化与约束，确保各岗位员工均能融入财务风险分析的过程中，并清晰界定各部门及人员在风险管理中的具体职责。

基层部门应主动承担起财务风险点的识别与分析任务，积极融入企业的整体风险管理活动，从而实现对潜在风险点的有效监控与控制。

财务部门需全面主导风险的识别、评估、控制及协调各部门间的合作，确保对各类风险保持高度警觉，并重点关注那些可能影响企业正常运营的潜在风险点及其控制规范。通过细化财务工作要求至各岗位，明确各级人员职责，实现对企业财务风险的全面梳理与掌控。

2.强化风险分析机制

企业应建立科学的风险分析流程，采用量化手段评估风险发生的可能性及其潜在影响，从而精准把握风险全貌。通过系统化地梳理各类风险，企业能够明确风险发生后的潜在后果及相应的应对措施，并将这些风险信息纳入风险管理档案，定期更新，确保对各类风险实施动态监控。

3.优化风险应对策略

鉴于财务风险的多变性与复杂性，企业需根据风险特性制定具有针对性的应对策略，如风险规避、风险减轻、风险承受等，以确保各类风险都能得到及时且恰当的管理。对于可能严重危害企业运营的高风险点，应采取风险规避策略，避免涉足相关经济活动；对于影响较小的风险，则可基于成本效益原则采取风险接收策略。通过差异化、精细化的风险管理措施，企业能够实现对各类风险的全面控制，为企业的稳健发展提供坚实保障。

第三节 数字化审计的流程

一、数字化审计的含义

数字化审计是一种先进的审计模式。它紧密围绕行业经营管理的核心，广泛采集并整合内外部的数据与信息资源。

数字化审计可通过运用先进的数据库系统、数据分析软件及信息系统平台，巧妙融合非现场深度数据分析、现场精细检查与严格的审计质量控制流程，对各类结构化或非结构化的数据进行透彻的挖掘与剖析，并以直观、易懂的方式呈现出来，促进信息的无障碍流通与共享，从而显著提升审计工作的质量与效率。[1]

概括来讲，数字化审计就是一场对海量数据与复杂业务的深度解构与智慧重构，它旨在通过技术的力量，提炼知识精髓，挖掘潜在价值，为企业发展注入强大的动力与活力。

---

[1] 鲍凯.数字化财务：技术赋能 财务共享 业财融合 转型实践[M].北京：中国经济出版社，2023：197-198.

二、数字化审计的必要性

审计工作流程的精细化重构与数字化转型加速是驱动内部审计迈向智能化新时代的核心引擎。这一过程深化了审计工作的内涵,极大地拓宽了其外延,通过全面优化审计生命周期——从风险评估与审计计划的精心策划,到审计准备、实施、报告编制及项目结项的每一个细微环节,最终闭环于问题整改的持续跟踪,构建了一个高效、透明且闭环的审计生态系统。

审计工作流程的优化与数字化转型不仅是审计技术与方法的革新,更是审计理念与模式的深刻变革,它正引领着内部审计向更加智能化、高效化、协同化的方向迈进,为企业的稳健发展保驾护航。

三、数字化审计的基本流程

数字化审计的基本流程主要包括前期调研与准备,数据采集与提取,数据验证、清理和转换,构建审计中间表,总体把握与重点选定,聚焦重点与模型分析,延伸、落实与取证共七个步骤,如图4-5所示。

(一)前期调研与准备

审计工作正式启动之初,审计人员需深入调研,详尽了解被审单位的组织架构,全面搜集必要的数据资料,熟悉数据的处理流程与存储方式,精准把握数据表内容,明确数据采集的目标与方法,为后续中间表构建与数据采集奠定坚实基础。

(二)数据采集与提取

数据采集与提取阶段为数字化审计的关键一环,承载着确保审计工作精准高效推进的重任。

```
前期调研与准备
   ↓
数据采集与提取
   ↓
数据验证、清理与转换
   ↓
构建审计中间表
   ↓
总体把握与重点选定
   ↓
聚焦重点与模型分析
   ↓
延伸、落实与取证
```

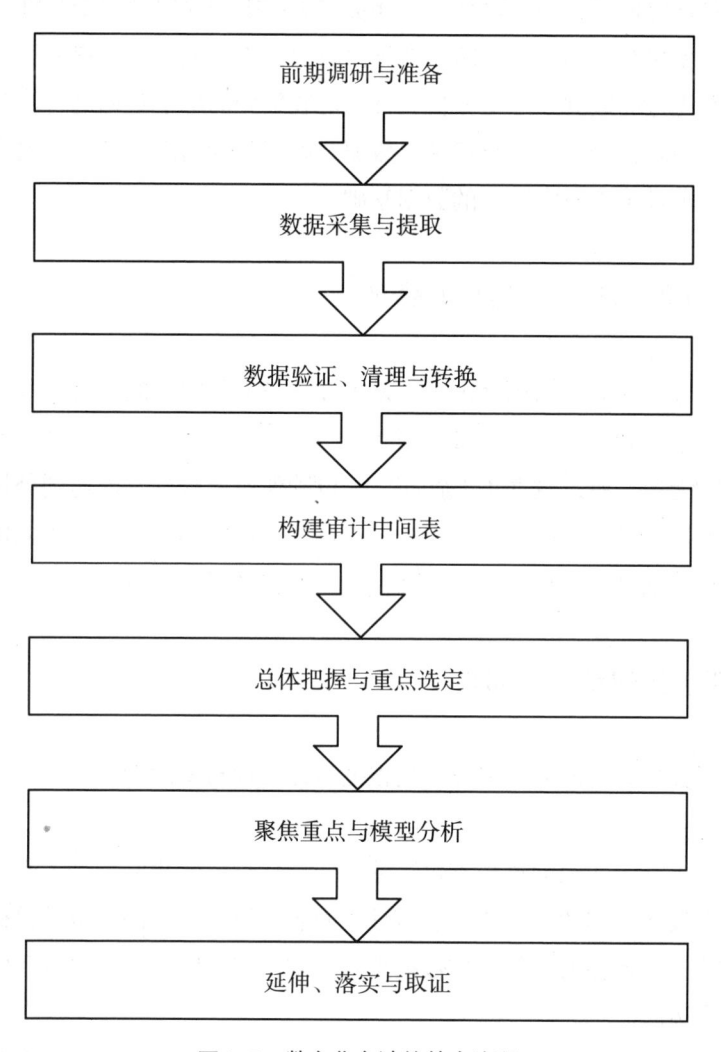

图4-5 数字化审计的基本流程

在这一关键环节中,审计人员通过细致的沟通与协调,共同确定数据提取的范围、标准与格式,确保所获取的电子数据既全面又精准,能够充分反映被审计单位的运营状况与财务健康度。审计人员运用专业的数据提取工具与技术手段,如数据库查询、数据接口对接等,从被审计单位的各类信息系统中精确提取出所需的电子数据,包括但不限于财务数据、业务交易记录、系统日志等。

在数据提取过程中，审计人员还会注重数据的完整性与安全性，采取加密传输、备份存储等措施，防止数据泄露或丢失。完成数据提取后，审计人员会利用先进的数据处理与分析软件，对收集到的电子数据进行清洗、整理与转换，去除冗余信息，纠正错误数据，确保数据的准确性与一致性，从而为后续的审计工作奠定坚实的数据基础。

（三）数据验证、清理与转换

深入分析前的数据预处理工作是审计人员必须完成的重要任务。在深入分析前，审计人员需综合考量数据特性，实施数据校验，必要时进行格式转换或清除无效、错误数据（"杂质"），以确保所有数据都能达到分析要求的标准，数据质量均符合分析要求。只有这样，后续的审计工作才能建立在坚实的数据基础之上，为揭示被审计单位的真实情况提供有力的支持。

（四）构建审计中间表

基于数据处理成果，审计人员根据审计目标与采用的方法，构建审计中间表。

构建审计中间表的过程不仅是数据向审计价值转化的关键步骤，也是审计策略与技术应用的具体体现。审计中间表的设计紧密围绕审计目标与所采用的方法论，旨在通过科学的数据组织方式，揭示隐藏在数据背后的业务逻辑与潜在风险。

审计人员巧妙运用数据连接、映射等高级技术，将原本分散在基础数据集中的各类信息进行有效整合与重构。这一步骤要求审计人员具备扎实的数据库知识与数据处理技能，需要他们深入了解被审计单位的业务运作模式与特点，以确保中间表能够准确反映工作主题与业务特征。

最终形成的审计中间表不仅数据结构清晰、逻辑严密，而且能够直观展现关键业务指标与审计关注点的关系，从而能为后续审计模型的构建提供坚实的数据支撑与思路引导。

（五）总体把握与重点选定

为全面洞悉被审单位的经营状况，审计人员需运用结构分析法，深入分析其业务、现金流、损益、资产等关键指标，综合评估企业运营状况，精准锁定审计工作的核心要点。

（六）聚焦重点与模型分析

依托前期工作成果，审计人员紧扣审计要点，深入剖析被审计单位的核心业务活动，细化数据分类。

审计人员需紧密围绕审计公告的核心要点，深入剖析通过先前步骤获取的关于被审计单位的详尽情况。他们将对被审计单位的关键业务活动展开系统性、全面性的分析，同时，对收集到的海量数据信息进行精细化的分类与整理。

为了更精准地洞察业务实质，审计人员会根据不同业务领域的特性量身打造数据分析模型。在这一过程中，他们严格遵循企业的规章制度与标准，精心挑选最适合当前分析需求的数据分析模型。

在确定模型后，审计人员会进一步明确数据统计与分组的具体条件，确保分析结果的准确性和针对性。

随后，审计人员会运用SQL等强大的数据库查询语言，构建出个性化的分析模型。这些模型如同精密的仪器，能够深入数据内部，挖掘出隐藏的价值与规律，为审计工作的深入开展提供强有力的支持。

（七）延伸、落实与取证

此阶段，审计人员基于审计分析模型，运用深入核查或直接取证方法，对电子数据的分析结果进行严谨求证。在审计过程中，一旦发现重要审计问题或线索，需及时验证并依据验证结果编制审计报告，确保审计结论的准确性与权威性。

第四节 内部审计部门的数字化转型

一、内部审计部门数字化转型的必然性

（一）内部审计部门数字化转型是行业发展的必然趋势

随着互联网技术、大数据、人工智能与银行业务的深度交织，风险形态日益复杂且隐蔽，传统审计模式在时效性与全面性上遭遇严峻考验。

现阶段，如何高效利用海量数据资源实施数字化审计策略已成为业界亟待破解的难题。鉴于此，多家银行正加速布局数字化审计的理论探索与实践创新，力求深化审计工作的现代化进程。

（二）内部审计部门数字化转型是提升审计质量的必要途径

审计全覆盖战略要求审计人员具备高瞻远瞩的全局视野与深入细致的洞察能力。

传统以账项审查为主的审计方法已难以满足当前内部审计工作的多元化需求。因此，审计人员需积极构建数字化思维框架，秉持整体性与连续性的分析理念，全面审视并深入分析包括客户、交易、财务在内的结构化数据以及音频、视频、图片、地理位置信息等非结构化或半结构化数据，通过全维度、实时性的监测分析，精准捕捉传统审计难以触及的重大风险

点与违规线索。[1]

（三）内部审计部门数字化转型是提升审计能力的必然选择

内部审计部门数字化转型是提升审计能力的必然选择，这是审计工作外部环境和内部工作环境双重变化的结果导向。

首先，从行业外部发展的大环境来看，随着全球数字化浪潮与转型步伐的显著加快，各类行业的运营策略与模式愈发深度融入大数据洞察、智能技术应用及云端解决方案等数字化手段。企业所置身的外部环境正经历前所未有的复杂化与动态化演变，促使内部审计职能必须强化其数据管理与分析能力，以灵活应对新兴的审计需求与深层次挑战。

其次，从内部工作需求来看，随着外部监管环境的日趋严谨，企业对合规行为的期望与要求不断提高，内部审计部门肩负着重大的责任，即持续优化审计作业的质量与效率，确保全面符合监管机构的最新标准。在这样的工作环境变化背景下，数字化转型成为推动审计领域转型升级的关键力量，它不仅助力审计团队高效适应这些高标准变化，还极大地提升了审计作业的透明度与操作规范性。因此，内部审计部门的数字化转型能够有效应对外部、内部环境的多变挑战，显著提升审计工作的执行效率，巩固审计监督的效能，是增强审计能力的必然选择。

二、内部审计部门数字化转型的有效应对措施

（一）构建科学有效的审计新平台

技术平台构建是内部审计数字化转型的核心支柱，其重要性不言而喻。一个全面而强大的综合审计新平台，应深度融合多项前沿技术，重塑审计作

---

[1] 张根银，钱立平.五措并举探索内部审计数字化转型[J].中国内部审计，2021（6）：45-47.

业模式，引领审计效能的飞跃。

新的科学有效的审计平台的构建，应满足以下具体构建模块要求：

（1）现场审计执行模块：该模块是审计工作的核心执行平台，通过精细化的作业流程设计与智能化工具的集成，能够显著提升审计团队在实地环境中的工作效率与数据收集、分析的准确性。它涵盖了从审计任务分配、现场证据收集、实时数据录入到初步分析反馈的全流程，利用移动审计技术、二维码扫描、GPS定位等现代化手段，能确保审计人员迅速响应、精准作业，有效缩短审计周期，提高审计质量。

（2）远程数据分析模块：此模块构建于高性能的数据处理与分析平台之上，专为应对大数据时代下的海量数据挑战而设计。它能够实现对分散于不同系统、格式复杂的数据的即时抓取、清洗、整合与深度挖掘，可以运用先进的算法模型快速提炼出对审计决策具有关键影响的信息。这不仅为审计团队提供了精准的数据支持，还极大增强了审计判断的客观性与科学性。

（3）内部控制评估模块：该模块聚焦于企业内部控制体系的有效性评估，通过预设的风险评估框架与自动化测试工具，帮助企业全面识别并量化潜在的风险点与薄弱环节。它不仅支持对财务、运营、合规等多个维度的内部控制进行审查，还能根据评估结果提出针对性的改进建议，助力企业不断优化内部控制流程，增强风险抵御能力。

（4）全面审计管理模块：作为审计工作的中枢神经，该模块集成了项目管理、资源配置、进度跟踪、质量控制、成果展示等全方位的管理功能。从审计项目的初始规划、团队组建、任务分配到最终的成果汇总与报告编制，每一个环节都实现了精细化管理。通过强大的项目管理工具与协作平台，确保了审计工作的有序进行，提高了整体管理效率与项目执行透明度。

（5）风险监测预警模块：这一模块通过实时监控企业内外部环境、业务运营数据、市场动态等关键信息源，运用大数据分析、机器学习等先进技术，自动捕捉并分析潜在的风险信号。一旦发现异常或潜在威胁，立即触发预警机制，向管理层及相关部门发出警报，并提供风险分析报告与应对策略建议，确保企业能够迅速响应、有效应对，保障企业的安全稳健运营。审计新平台还要注重与行内各类管理信息系统的无缝对接，通过构建高效的数据交互通道，打破信息孤岛，实现审计作业流程、深度数据分析以及智能辅助工具之间的紧密联动。

当然，审计新平台的构建需要企业与整个行业的共同努力，如此才能从理论到实践整体提升审计工作的智能化水平，构建一个集数据收集、分析、决策、执行、反馈于一体的审计生态系统。

（二）重视智能化辅助工具的创新应用

在构建审计新体系的过程中，采用智能化辅助工具是加速内部审计向数字化迈进的关键策略。

鉴于当前金融科技与工具的发展趋势，紧密围绕审计工作的实际需求场景，企业应有针对性地应对审计中遇到的海量数据处理、信息多样性挑战、复杂业务环境以及操作烦琐性等问题。

具体来说，应重点利用数据抓取工具、分析工具、非结构化数据处理工具、自然语言处理工具、流程自动化工具及智能可视化工具等，提升审计工作的效率与效果。[1]

企业应聚焦并充分利用一系列前沿金融科技工具与手段，以实现审计工作的智能化转型与效能飞跃。具体而言，首要任务是强化数据抓取工具的应用，确保审计团队能够迅速、准确地从各类数据源中捕获所需信息，为后续分析奠定坚实基础。同时，应引入先进的数据分析工具，助力审计师深入挖掘数据背后的价值，揭示潜在风险与机遇。

同时，针对信息多样性的挑战，非结构化数据处理工具与自然语言处理（NLP）技术的结合应用显得尤为重要。这些工具能够高效处理文本、图像、音频等非结构化数据，将其转化为可分析的结构化信息，从而拓宽审计视野，提升信息利用的广度和深度。

此外，流程自动化工具的应用也是提升审计效率的关键。通过自动化处理重复性高、劳动密集型的审计任务，如数据核对、报告编制等，可以显著减轻审计人员的工作负担，让他们有更多精力聚焦于对复杂问题的分析与判断。

---

[1] 李刚，王鹏虎，孙宁.推动内部审计数字化转型的思考[J].现代金融导刊，2020（11）：35-38.

特别需要引起重视的一点是，智能可视化工具的应用为审计成果的展示与沟通开辟了新路径。通过直观、生动的图表和报告，审计发现与建议能够更加清晰、准确地传达给管理层及利益相关方，促进决策效率与质量的双重提升。

（三）加强审计人员培养与团队建设

在内部审计全面迈向数字化转型的征途中，审计人员的培养与团队建设无疑占据着举足轻重的地位。

内部审计部门的数字化转型不仅是技术层面的革新，更是企业文化、组织架构、工作流程乃至整个管理体系全面数字化转型的催化剂。审计人员是这一变革的直接参与者与推动者，他们的成长与进步直接关系转型战略的落地效果。

在内部审计部门的数字化转型过程中，科技行业的变革不仅要求审计人员掌握传统审计知识，更要求他们具备驾驭新兴技术的能力，以适应数字化转型带来的挑战与机遇。

具体来说，应培养审计人员的以下几大素质：

首先，深化审计人员的专业知识体系，不断提升数字化素养，以确保审计人员能科学有效地利用大数据资源、先进分析模型、高效工具及智能化平台，为数字化审计工作的顺利开展奠定坚实的理论基础。

其次，丰富审计人员的实践经验，致力于提升审计人员的数字化技能，使审计人员能够更有效地利用技术手段优化审计流程、提高审计效率、增强审计结果的准确性和可靠性。

同时，审计工作需要团队协作，审计人才的团队建设必须与审计流程的持续优化紧密相连。这意味着需要不断审视并改进现有的审计流程，确保其能够适应数字化转型的需求，提高审计工作的灵活性和响应速度。

特别需要提出的一点是，企业还需要建立科学合理的绩效评价体系，以激励审计人员积极投身于数字化转型的实践中，不断提升自身的能力和业绩水平。

第五章

数字化转型背景下
财务共享服务中心建设

　　自20世纪80年代起，财务共享服务中心经历了财务集中化、初步整合、高效集成三个发展阶段。在当前的数字化浪潮中，数字技术的迅猛发展正推动财务共享服务向智能化转型，助力企业实现财务领域的数字化升级。本章基于这一背景，首先介绍财务共享服务的相关理论和基础知识，其次，深入剖析财务共享服务中心的建设策略与步骤，并对企业财务共享服务中心的运营与管理提出针对性对策。

第一节

财务共享理论概述

一、什么是财务共享服务

（一）共享服务

20世纪80年代，共享服务在美国福特公司起步，1993年Gunn Partners公司创始人确立了这一管理理念。布赖恩·伯杰伦在《共享服务精要》中定义共享服务为企业合作战略中的半自主业务单元，旨在降低成本、提高效率、创造经济价值和服务质量，具备独立市场竞争力。

共享服务的发展得益于信息网络技术，它是一种创新的运营管理模式，以顾客需求为导向，通过服务水平协议和市场价格基准整合企业内部重复性业务，集中处理以优化资源、降低成本，同时让业务单元专注于核心业务，提高效率和客户满意度。

共享服务理念的采纳通常发生在企业规模扩大、分公司流程标准不一、业务量不均的情况下，它能有效整合资源，统一流程标准，提升业务处理效率，成为企业业务流程再造、提高服务质量、降低成本、提升效率的有效途径。

（二）财务共享服务

财务共享服务代表了共享服务理念在财务管理领域的具体实践，它是一种创新的财务管理策略。简言之，它通过将分散在不同组织或部门的财务功能和流程集中到一个新的、半独立的组织或部门，为集团内部客户提供更为专业和高效的财务服务。

二、财务共享服务的相关理论基础

（一）规模经济理论

规模经济理论起源于美国，强调了大规模生产带来的经济效益。亚当·斯密在《国富论》中提出，劳动分工和专业化是提升生产效率的关键因素，而这些因素的有效实施需要建立在一定的生产规模之上。因此，劳动分工的深化能够显著提高生产效率，实现规模经济。马歇尔在《经济学原理》中进一步阐释了规模经济的形成机制，包括企业内部通过优化资源配置和组织管理提升经营效率的内部规模经济，以及通过并购重组扩大行业规模实现的外部规模经济。保罗·A.萨缪尔森在《经济学》中强调了大规模生产带来的组织生产优势。

规模经济体现为企业在一定时期内，随着产品生产量的增加，单位产品成本相对下降，进而提升企业的经营利润。财务共享服务正是基于此理论，将企业内不同部门的高重复性、烦琐且标准化的财务业务集中至共享服务中心处理。这种方式缩短了员工处理事务的时间，降低了单位业务成本，提升了工作效率，释放了人力资源，使其能够更多地投入企业的核心业务发展中，从而增强企业的经济效益，与规模经济理论相契合。通过财务共享服务，企业能够更有效地实现规模经济，推动企业整体经济效益的提升。

（二）标准化理论

"标准"这一概念最初由泰勒提出，它指的是为活动或成果制定的共同且可重复使用的规则、指导方针或特定文件。财务共享服务依托于标准化理论，通过在财务共享服务中心内建立统一规范和业务流程，实现财务管理成本的降低和工作效率的提升。

在财务共享服务中心的日常运作和管理中，标准化理论发挥着至关重要的作用。该中心通过制定、颁布和执行一系列标准，将业务流程、文档资料以及服务方式等方面规范化，形成一套统一且可重复应用的规则体系。这种规范化操作确保了业务流程的顺畅和效率，有助于提升服务的整体质量。通过这种方式，财务共享服务中心能够以更高的效率和更好的质量满足企业内部不同部门的财务服务需求。

（三）委托代理理论

委托代理理论在20世纪30年代由美国经济学家伯利和米恩斯提出，强调所有权与经营权的分离。在这种理论下，所有者保留资产所有权，而将日常经营权委托给代理人。委托人追求企业价值最大化与代理人追求个人利益最大化之间可能存在目标差异，这可能导致利益冲突。

该理论的核心在于解决信息不对称和利益不一致问题，委托人需设计有效的激励与监督机制，以促使代理人的行为与企业长远利益保持一致。这涉及监督成本、激励成本和因信息不对称可能产生的损失。委托人的目标是找到成本最小化的解决方案，以应对代理人可能的行为偏差。

随着企业集团规模的扩大，建立财务共享服务中心可以促进资源的整合，提高信息透明度，降低信息获取成本，减少信息不对称，从而加强集团对分支机构的监管，保障企业的持续健康发展。

（四）流程再造理论

迈克尔·汉默提出的业务流程重组理念主张在客户需求的基础上，对企业的现有业务流程进行根本性的重新设计，以提升效率和效果。卢克进一步指出，流程的再造与共享是财务共享服务的核心要素，强调必须依据流程再造理论来开展财务共享服务。

流程再造的首要步骤是全面审视现有流程，识别并重塑其中的重复环节；接着是对组织架构和业务执行方式进行调整，以确保它们能够支持流程的重组，从而实现企业经营管理方式的全面变革。这一变革旨在使业务流程更加高效、连贯，进而提高企业的整体运营表现。

此外，流程再造理论还强调信息共享的重要性，确保信息的可靠性和时效性，为企业的业务操作和决策制定提供坚实的数据支持。通过这种方式，企业能够确保流程再造优化操作层面，强化信息管理，进而为企业带来更深远的正面影响。

（五）资源整合理论

企业资源的多样性要求通过精心挑选、整合和激活，将它们转化为更具灵活性、有序性、整体性和价值的新型资源。这一动态过程称为资源整合。财务共享服务中心的建立正是基于这样的资源整合过程，它通过优化资源配置，实现成本降低和效率提升。

（六）扁平化理论

扁平化管理通过减少管理层级和管理跨度，加快决策信息的传递速度，提高决策的透明度和精准度。在财务共享服务中，扁平化理论促使传统的以财务部门为中心的组织结构转变为更加开放和参与性的结构。通过流程再造和资源整合，将日常的、重复性的财务工作交由财务共享服务中心处理，确保信息能够迅速传递至各级组织，从而实现快速获取所需财务信息。

（七）系统科学理论

系统科学理论认为，系统是由相互联系和作用的多个要素构成的有机整体。企业财务共享平台作为一个系统，能够全面地解决问题，实现企业在成本控制、决策能力提升等方面的目标的系统性达成。系统科学在财务领域的应用强调了在财务共享平台建设中应考虑内外部环境、要素间的协调合作，以及系统运行的流程、规律和结果，这些要素对推动企业财务共享平台的发展具有重要的理论和实践意义。

第二节 财务共享服务中心的概念与模式

一、什么是财务共享服务中心

（一）财务共享服务中心的提出

财务共享服务中心的概念源自2013年12月财政部发布的《企业会计信息化工作规范》，其提倡大型企业和企业集团利用信息技术推动会计工作的集中化，建立财务共享服务中心。随后在2014年11月发布的《财政部关于全面推进管理会计体系建设指导意见》中进一步鼓励企业建立财务共享中心，以促进会计职能向管理决策的转变，有效开展管理会计工作。[①]

对于拥有众多分支的集团企业而言，实施集约化财务管理模式是一项挑战。财务部门须具备快速响应业务需求、及时调整策略、有效监控与评估风险以及预测业务发展的能力。财务共享中心的建立正是为了满足这些要求，它作为一个信息平台，通过信息流程的优化来实现财务流程与业务流程的再造。

财务共享中心将简单的、标准化的财务环节，如核算、单据审核、费用

---

① 徐燕. 财务数字化建设助力企业价值提升[M]. 广州：华南理工大学出版社，2021：75.

控制和银行支付等集中处理，通过资源整合实现"云"运作，逐步推行财务共享的云端服务模式，为实现财务管理的集中化、标准化、路径简化、成本降低及集团管控提供了途径。

作为集团财务管理的关键组成部分，财务共享中心必须与企业战略相协调，为战略目标的实现提供支持。它通过集中处理那些重复性高、效率低下、成本较大且基础简单的财务环节，如会计账务处理、员工工资福利处理、原始购销数据录入等来解决传统财务管理的诸多难题，从而实现规模经济，降低运作和人员成本。

简言之，财务共享服务作为一种创新性的财务工作方式，由财务共享服务中心为集团公司提供标准化的财务工作，从而实现集团内的四大共享，其主要内容见表5-1。

表5-1 财务共享服务能够实现的"四大共享"

四大共享	具体阐述
人员共享	财务共享服务中心的团队成员集中处理标准化的重复性财务任务
信息共享	集团内部员工在获得相应权限后，能够共享财务服务中心提供的财务信息
运营共享	得益于财务流程的集中化，财务共享服务中心能够通过集约化运作和资金的统一调配，有效减少融资开支，同时增加投资回报
管理共享	财务共享服务中心对会计事务进行集中管理，确保会计信息的规范性和一致性，从而为集团提供更精准的会计数据

（二）财务共享服务中心的发展

在我国，财务共享服务中心这一概念仅有十几年的发展历程。最初，财务共享服务中心的目标是将那些易于标准化且重复性高的流程集中统一管理，如财务核算、成本控制、采购合同管理、费用报销、报表编制以及固定资产管理等。随着信息技术的不断进步，财务共享服务中心在大型企业及跨国公司中得到了广泛推广。

随着税务和银行系统的深度整合，在第一阶段功能的基础上，企业开始采用银企直联等方式实现集团内部与银行的资金联动；同时，利用"金税三期"系统，将税务信息与企业内部的合同管理和预算管理流程相结合，以提高业务处理的真实性和效率。

近年来，财务共享服务中心进一步发展成为连接企业前、中、后台运营和数据的平台，推动企业构建智能财务体系，即数字中台和业务中台的建立，实现数据服务的即时调用。在这一阶段，财务共享服务中心汇集了核算数据、预算数据、资金数据、核心业务数据及外部对标数据等，即以数据为核心，建立业务标准和评价指标，为企业的成本控制和决策提供依据。

二、财务共享服务中心的特点与优势

（一）财务共享服务中心的特点

财务共享服务中心作为新型的财务管理中心，其主要特点见表5-2。

表5-2　财务共享服务中心的特点

特点	具体阐述
技术性	财务共享服务中心高度依赖前沿且高效的信息技术与软件系统
规模性	企业内部可能存在协调不足或差异性较大的业务流程，财务共享服务中心能够通过整合这些流程实现规模经济，进而减少企业的交易成本
专业性	作为独立的商业单元，财务共享服务中心的团队成员具备高水平的专业技能，能够提供高标准的专业服务，为企业带来增值效益，促进企业价值的增长
服务性	财务共享服务中心致力于满足客户需求，以提升客户满意度为核心目标，提供定制化的服务项目，并依据服务协议向客户收取相应的费用
一致性	确立统一的操作框架，实施标准化流程，确保执行统一的质量标准，有助于提升业务执行效率，推动企业规模增长，实现规模经济效益，同时降低整体运营成本

（二）财务共享服务中心的优势

财务共享服务中心之所以在大型企业中得到广泛应用，主要得益于其在以下四个方面所展现出的显著优势。

1.降低财务工作成本

财务共享服务中心能够确保企业在财务管理方面的成本得到有效控制，同时提高企业整体的财务运营效率和效益。

第一，流程优化与成本削减。财务共享服务中心通过业务流程的再造，实现了流程和规则的集中化，剔除了冗余步骤，引入了更为规范和标准化的工作模式，为减少不必要的开支和提升工作效率奠定了坚实的基础。

第二，操作简化与监督效率。流程的简化和集中化让日常操作变得更加简便和规范，简化了监督和检查流程，消除了众多烦琐的步骤。集中化的财务管理方式有助于更有效地监管各分公司，从而进一步压缩运营成本和降低潜在风险。

第三，资金管理与规模效应。财务共享服务中心通过集中管理集团的资金，利用资金规模优势来获取更优惠的融资条件、更强的投资议价能力以及更高的资金安全性，这些都是资金集中管理带来的直接经济利益。

第四，成本效益的正向循环。财务共享服务中心的建立有助于实现规模经济，降低成本，提高效率，进而增强企业的总体效益。企业效益的增强反过来可以进一步促进规模经济效应，从而形成持续的降低成本和提升效率的良性循环。

2.提高效率和服务质量

财务共享服务中心之所以能够显著提升效率和服务质量，主要得益于几个关键因素，如表5-3所示。

表5-3 财务共享服务中心提升效率和服务质量的关键因素

关键因素	具体阐述
服务专业化	财务共享服务中心通过实施标准化操作和细致分工，强化了服务的专业化水平，能够为集团公司提供既高效又高质量的财务信息
流程标准化	业务流程的标准化统一了会计信息的获取方式，使分工更加明确，从而确保了会计信息的高效性和准确性
信息系统的支撑	信息系统为整个流程的运作提供了强有力的支撑，它不仅是流程运作的基石，也为跨地域的会计信息传递提供了有效的工具
管理方法的支持	对财务共享服务中心运营中的绩效、服务和产品质量等方面的管理提供支持，进一步确保了服务的高效率和产品的优质性
整体效率提升	财务共享服务中心的建立显著提高了集团公司在财务工作方面的整体效率，为集团提供了更优质的财务服务
职能转变	财务共享服务中心使财务部门从传统的简单职能部门转型为集团公司的战略伙伴，这种转变不仅涉及会计核算，还包括为企业提供数据分析服务，从而更好地支持企业决策

3.促进财务部门核心业务的发展

财务共享服务中心大大优化了财务部门的运作流程，促进了财务部门核心业务的发展，为企业的持续发展和市场竞争力提供了坚实的基础。

首先，通过财务共享服务中心，企业能够实现财务水平的均衡发展，保证不同机构的财务业绩具有可比性和可信度，提升了财务管理的风险防范能力。其次，财务共享服务中心为企业提供了标准化的财务服务，有效支持了企业核心业务的发展，为内部业务部门和外部客户提供了充足的职能支撑。而且，财务共享服务中心处理了大量的重复性操作和非核心数据业务，使公司将注意力集中在核心业务的发展上。传统财务管理模式往往将超过一半的资源投入交易处理和会计业务中，限制了其在决策和战略支持方面的潜力。财务共享服务中心的建立有助于提高决策支持功能在整个财务功能中的比重，促使财务人员更多地参与到能够创造直接价值的活动中，具体转换如图5-1所示。

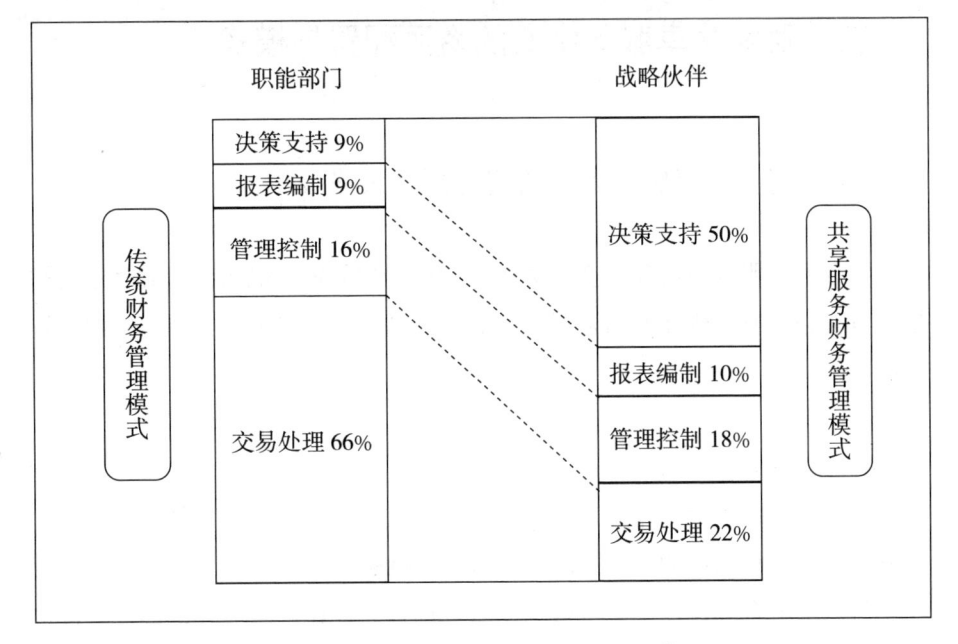

```
┌─────────────────────────────────────────────────────┐
│           职能部门              战略伙伴              │
│        ┌──────────────┐                              │
│        │ 决策支持 9%  │  ┌──────────────┐           │
│   传   ├──────────────┤  │              │    共     │
│   统   │ 报表编制 9%  │  │ 决策支持 50% │    享     │
│   财   ├──────────────┤  │              │    服     │
│   务   │ 管理控制 16% │  ├──────────────┤    务财   │
│   管   ├──────────────┤  │ 报表编制 10% │    务管   │
│   理   │              │  ├──────────────┤    理     │
│   模   │ 交易处理 66% │  │ 管理控制 18% │    模     │
│   式   │              │  ├──────────────┤    式     │
│        │              │  │ 交易处理 22% │           │
│        └──────────────┘  └──────────────┘           │
└─────────────────────────────────────────────────────┘
```

图5-1 财务共享服务支撑财务转型[①]

更重要的是，当企业成立新的分支机构或进行兼并、收购时，财务共享服务中心能够以标准化的操作、较低的成本和高效的服务为集团及其分支机构提供财务支持，有效地提升了企业的整合能力和核心竞争力。

4.增强企业扩大规模的潜力

随着经济全球化的加速发展，企业间的并购与分立活动变得日益频繁，企业规模迅速扩张。但规模的扩大往往伴随着管理难度的提升和风险的增加，容易引发"大企业病"等问题。财务共享服务中心的建立为应对这一挑战提供了有效的解决方案。财务共享服务中心通过实施标准化、专业化和流程化的运作模式，有效降低了企业的运营成本，提高了管理效率，为企业规模的扩大创造了有利条件。

[①] 刘乃芬.智慧财务共享未来：智能技术驱动下企业财务共享体系建设与应用研究[M].长春：吉林人民出版社，2022：8.

三、财务共享服务中心的资源配置与模式

（一）财务共享服务中心的资源部署策略

财务共享服务中心作为企业集团集约化管理的核心机构，其战略地位举足轻重。为了有效构建并运营这一中心，需精心规划以下几方面的资源配置工作。

1.信息系统资源配置

财务共享服务中心作为远程服务平台，业务处理跨地区、跨行业，因此需要一个完善且稳定的信息系统以及可靠的网络支持。在实施过程中，关键在于深入理解系统特性，进行科学的系统评估与优化，同时要整合并链接现有的财务与业务系统，以减少数据对接中的误差与丢失，确保共享理念的深入实施。

2.人力资源配置

在理念层面，需统一思想，从集团高度推广财务共享理念，发挥集约优势，并争取集团各企业的协调与支持。财务变革往往伴随着业务流程的变革，如出差审批、差旅费报销以及购销存管理等。因此，业务人员和财务人员的理念需进一步统一，积极参与财务共享服务中心的建设。财务共享服务中心成立后，财务人员应以提供高效、标准、规范的服务为目标，充分利用财务共享服务中心保障财务安全与资产增值。

3.组织架构的搭建

组织架构是财务共享服务中心成功的关键所在。应选择既精通业务与财务知识，又具备战略思维的负责人，从企业集团的全局角度统筹调配资源。同时，应建立分项实施小组，负责各项核算、审核和业务流程的设计、执行与修正，并配备熟悉企业各类业务、专业知识扎实的财务人员。

4.企业流程配置

要制定详细的流程图，编制工作手册，重塑审批流程，以明确各职能部门的分工与协作，提高整体协同性。应根据企业的实际情况调整或整合重复的业务流程，优化资源配置，提升运转效率。

5.明确财务共享服务中心的应用范围

财务共享服务中心集中处理的业务，主要涵盖集团内分散且重复的业务，如凭证制单、资金支付、部分发票审核、银行账户管理及票据管理等。将这些业务归集到财务共享服务中心，不仅能确保资金安全，还能统一会计核算标准。随着业务或管理的拓展，可以逐步实现财务共享服务中心对所有业务的全面覆盖。

（二）财务共享服务中心的模式

企业集团财务共享服务中心的战略结构模式主要包括三种，即"全球中心""区域中心""专长中心"。

1."全球中心"

"全球中心"指的是企业集团将其全球业务流程中的特定部分集中至单一的财务共享服务中心进行统一管理和处理。这一模式旨在为全球各地的业务单元提供一致的服务，推动业务流程向标准化迈进，从而实现规模经济的最大化，有效降低运营成本，进一步提升企业的整体价值。通过这种方式，企业能够在全球范围内实现资源的优化配置，提高管理效率，确保财务数据的一致性和透明度，为企业的全球化战略提供坚实的支持，如图5-2所示。

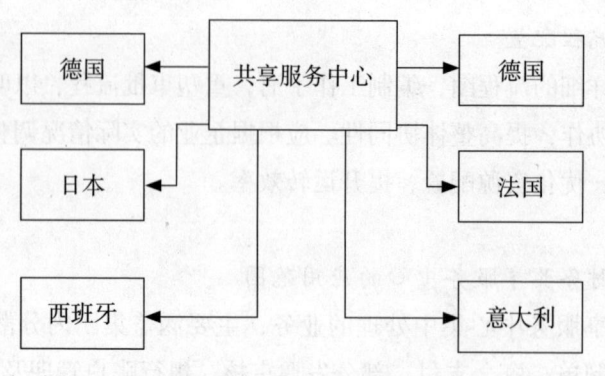

图5-2　全球型财务共享服务中心[①]

2. "区域中心"

"区域中心"模式指通过将集团的全球业务划分为若干个地理区域，并将这些区域的业务流程集中在对应的区域财务共享服务中心进行处理，来实现对业务流程的地理区域化管理，如图5-3所示。这种设置允许每个区域中心根据当地的商业环境、税务法规和法律要求，定制和优化业务流程，确保业务操作既符合地方规定，又能够在集团内部保持一定程度的统一性和协调性。

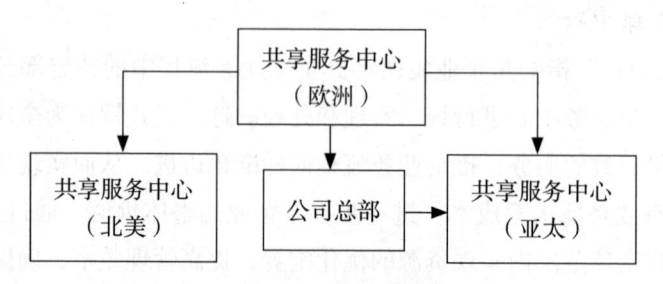

图5-3　区域型财务共享服务中心[②]

---

① 刘乃芬.智慧财务共享未来：智能技术驱动下企业财务共享体系建设与应用研究[M].长春：吉林人民出版社，2022：5.

② 刘乃芬.智慧财务共享未来：智能技术驱动下企业财务共享体系建设与应用研究[M].长春：吉林人民出版社，2022：5.

通过地理区域划分，区域中心能够更贴近当地市场和业务需求，提高响应速度和服务质量。同时，这种模式有助于降低跨国经营的复杂性，因为每个区域中心都可以根据其特定的地理、文化和法律环境，调整和优化其服务和流程。此外，区域中心的设置虽然在标准化程度上可能略低于全球集中式的共享服务中心，对于系统和人员的要求也相对较为灵活，但这种灵活性正是其优势之一。它允许集团在保持全球一致性的同时快速适应不同区域的特定需求，从而更好地服务于整个集团的多元化业务。

另外，区域中心模式还有助于提高管理效率和控制成本。通过集中处理相似的业务流程，区域中心可以优化资源分配，减少重复工作，通过规模经济降低单位业务成本。这种模式为企业集团提供了一种灵活而有效的财务管理策略，以支持其全球化战略的实施。

3."专长中心"

"专长中心"模式如图5-4所示，是在对特定功能或某类功能进行全球化集中管理和跨功能协作的基础上构建的。这种模式的核心目标在于消除跨地域、跨部门的重复劳动，通过集中化处理来提高效率和质量。专长中心致力于提供高度专业化的服务，不仅包括财务处理，还可能涵盖人力资源、信息技术、法律支持等其他关键职能。

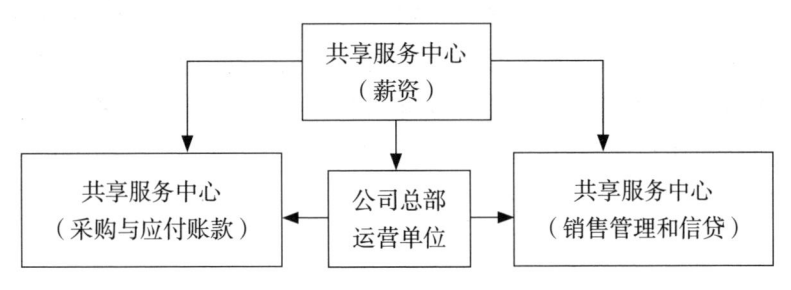

图5-4 专长型财务共享服务中心[1]

通过专长中心，企业能够集中最优秀的人才和资源，形成专业团队，这

---

[1] 刘乃芬.智慧财务共享未来：智能技术驱动下企业财务共享体系建设与应用研究[M].长春：吉林人民出版社，2022：6.

些团队成员通常在特定领域拥有深厚的知识和丰富的经验。这样的设置有助于企业培养和保留专业人才，同时为员工提供专业成长和发展的机会。

简言之，各企业集团必须从实际出发，结合公司自身的行业特点、所处环境、发展战略等具体情况，建立适合本企业的财务共享服务中心。

第三节 财务共享服务中心的建设策略与步骤

一、财务共享服务中心的建设目标与原则

确立财务共享服务中心建设目标的首要任务是明确其战略定位，这关系到企业发展方向和财务共享中心在企业中的全局地位。尽管不同企业或同一企业在不同发展阶段的战略定位可能有所差异，但它们的建设目标普遍一致。这意味着尽管建设环境和实施方案各异，但企业在构建财务共享服务中心时追求的基本目标是相似的。

（一）总体目标

1.优化和整合财务管理模式职能

要优化财务管理模式，整合职能，强化对子公司的管控，充分发挥财务共享服务中心的价值。通过集中处理业务，解决分散机构、冗员及效率低下的问题，可以实现资源优化配置，特别是财务资源，以规模效应提升经济效益。要构建财务共享服务中心，促使核算人员转型，增强总部监管能力与集

团财务专业度。要打破信息壁垒，加强部门间联系与信息共享，促进财务职能整合，形成以客户和流程为中心的高效管理模式。

2.实现信息共享和规范业务流程

通过信息化系统平台的运用，可以确保企业管理制度的精准实施和执行，同时优化并规范化业务流程，进而提高资金配置效率和财务工作效率。可以利用这种模式降低企业的运营成本，从而稳步提升员工的满意度和幸福感。

通过统一业务标准和再造业务流程来加强财务内控，可以为企业创造更多利润并提升其价值。通过建立财务共享服务模式，可以打破系统间、组织间、部门间的信息孤岛，实现数据的一次性输入和充分共享。通过整合现有的财务信息系统，再造和优化财务流程，可以令所有财务业务都集中在共享平台下，按照统一的制度和标准流程处理，形成统一标准化的财务作业流程管理。这样不仅能提升会计信息的质量，同时能提高管理效率，使企业能够更高效地响应市场变化，支持企业的长期发展战略。

3.提升会计信息质量和管理效率

通过构建数字化的财务共享服务平台，可以显著提升会计信息的处理效率和准确性，同时实现数据的集中核算和共享。应简化业务流程，提供便捷的财务数据查询、分析和报表功能，满足企业对财务信息的多样化需求。

首先，平台的设计应考虑用户的操作习惯，实现操作的便捷性、数据的标准化和界面的友好性，减少手工操作，降低人为错误，确保核算的精确度和数据的质量。

其次，财务共享服务中心的专业分工将推动财务流程的统一化、标准化和规范化，实现财务数据的全程共享和业务财务的集成，减少人工核算的依赖，从而提高会计工作的效率和信息质量。

此外，财务共享服务中心的运作将减轻财务人员的工作负担，使他们能够将更多的精力投入对集团更有价值的管理工作中。这有助于确保会计信息的及时、准确传递，并促进财务职能从传统的核算型向战略型管理转变，从而为企业创造更大的价值，支持集团的发展战略。

最后，集团将聚焦于提升组织力、制度执行力和工作胜任能力，实现财务部门职能的转变，从而以战略管理为导向，推动集团战略向提升企业价值的方向发展，增强企业的核心竞争力。

4.实现集中管理和业务服务共享

财务共享服务中心的建立是对传统集中式财务管理模式的创新与提升，它以集中化和统一性为核心特征。该中心通过构建统一的财务业务处理平台，实现核算工作的集中处理，确保数据的及时性、准确性和可追溯性。同时，它可以通过集中化、可视化和影像化的业务单据管理，以及报账、支付和核算的"三个统一"，提供全面、多维和及时的财务分析报告。

面对集团庞大的经营规模和广泛的地域分布，以及各子公司面临的不同市场机遇和经营风险，财务共享服务中心能够实时收集和处理各直属单位的财务信息，减少信息传递过程中的错误和误差，从而提高集团财务管理的效率。通过标准化和流程化的业务处理平台，可以优化原有业务流程，实现财务流程的标准化处理；通过财务共享平台直接汇总和分析所有会计信息，可以消除低效的中间环节，提升财务工作的标准化和效率。

此外，财务共享模式通过整合预算、报销、支付和核算系统，简化了业务流程，实现了业务流程的统一化和简化，提高了整个集团的财务管理效率和质量，从而能够支持集团的战略发展决策。

（二）具体目标

财务共享服务中心的建设旨在实现以下具体目标：

第一，财务转型。要推动财务工作从操作型向管理型服务转变，支持企业财务管理的战略升级，提供个性化的财务决策数据支持，发挥财务在战略指导中的关键作用。

第二，业财融合。要深化财务管理与业务领域的融合，加强风险管控和决策分析的整合，提升财务信息的质量和时效性，实现智能、精准的财务管理。

第三，智能财务建设。要利用信息技术推动管理创新，构建自动化、精益化、智能化的财务管理系统,通过智能管控分析平台为各层级管理者提供定制化的决策支持。

第四,风险管控加强。要集中解决财务管理中的痛点,通过标准化和自动化技术降低工作强度,结合新技术创新财务运行模式,有效管理财务风险,降低成本。

(三)建设原则

在财务共享服务中心建设过程中,要结合自身特点、统一流程标准、规范业务运作、提供决策支持、防范财务风险等。

1.结合自身特点

企业应根据自身的实际情况和经营特点,建立具有自身特色的财务共享服务中心,避免简单模仿其他企业的模式。在实施前,可通过考察成功案例,了解关键点和潜在问题,确保财务共享服务中心的建设既符合企业实际,又能实现业务流程的一体化。

2.统一流程标准

企业应采用集中管理和统一核算的模式,重新整合财务资源,建立独立的财务管理平台。通过科学的功能模块划分,可以实现财务的集中统一管理,为自动化和智能化打下基础。同时,可以对现有业务流程进行优化,利用先进技术整合信息系统,从而实现标准化的财务流程。

3.规范业务运作

财务共享服务中心应统一资金支付规则、费用核销标准和业务操作流程,避免财务作假和舞弊,加强财务风险监管。通过财务共享服务中心,企业能更有效地控制会计信息的处理过程,完善内控制度,增强对财务风险的抵御能力。

4.提供决策支持

财务共享服务中心应强化业务与系统的集成，实现信息的端到端传输，避免信息孤岛，提升财务对业务决策的支持能力。通过快速准确的信息传递，实现业财一体化，为企业政策制定和业务开展提供科学依据，支持企业发展战略。

5.防范降低风险

随着财务共享服务中心的建立，企业集团的财务信息数据量将大幅增加，其带来的安全风险和信息通路拥堵风险也随之增加。财务共享服务中心应通过有效的监督和控制，发挥内部财务监督的作用，降低财务风险，确保经济业务的安全性和可控性。

二、财务共享服务中心的建设策略与实施步骤

（一）财务共享服务中心的建设策略

1.构建制度基础

财务共享服务中心的成功建设需要坚实的制度基础，其为财务管理提供了统一和规范的支撑。在构建制度基础时，企业应致力于消除内部差异，提高财务管理的规范性和标准性，确保财务数据的一致性和集中处理，具体体现在以下几个方面：

第一，统一会计政策。在建设之初，企业需统一会计政策，确保财务数据的准确性和可比性，为企业决策提供可靠依据。

第二，统一会计核算。核算步骤和方式的统一可以避免信息重复录入和错误，提升财务工作效率和质量。

第三，统一业务流程。财务共享服务中心的建设要求对业务流程进行优化，以提高业务与财务管理的适配性。

第四，制度的执行与监督。企业需要根据自身实际情况制定制度和流程，并加强执行和监督，以确保制度的有效落实。

通过这些措施，企业能够确保财务共享服务中心的建设既符合企业特点，又能够实现财务管理的高效和精细化，从而为企业的持续发展提供坚实的支持。

2.完善信息系统

在数字化时代背景下，企业信息化建设为财务共享服务中心的构建提供了坚实的基础。尽管如此，现有财务管理软件仍需进一步优化以满足财务共享服务中心的特定需求。企业在推进建设过程中，应明确信息系统的发展方向，并结合企业实际情况进行优化升级。为此，企业可以引入创新的网络报销系统，将传统的线下审批流程转移到线上，以提高报销效率并实现数据共享。同时，可以引入电子档案管理系统，实现电子档案与传统档案管理的有机融合，降低资源消耗，提升归档管理效率，使档案数据在财务管理决策中发挥更大作用。在选择系统时，需确保其具备高易用性、标准性、安全性和可扩展性，以满足企业的实际需求。

此外，企业还应构建符合自身情况的企业资源计划（ERP）系统，并将其有效嵌入内部控制体系，以强化业务和部门间的连接，为财务共享服务中心的标准化建设提供支持。通过这些措施，企业将不断提升信息系统的完善度，以适应数字化时代的发展趋势，提高财务管理的效率和水平。

3.加强成本控制

集团企业在推进财务共享服务中心的建设中，需明确其发展方向和定位，并通过制定相应制度来平衡管控与服务、效率与成本之间的关系。企业应通过资源共享策略，如办公、信息和人力资源的整合，有效降低运营成本。同时，要对战略财务、属地财务及共享财务人员进行专业化分工，并定期优化调整，以确保工作流程的顺畅和效率提升，减少不必要的人工成本。

（二）财务共享服务中心的实施步骤

财务共享服务中心建设过程通常包括以下几个步骤。

1. 项目启动与调研论证

在项目启动之初，首先进行可行性研究，评估企业当前的发展阶段和业务需求，判断是否适宜建立财务共享服务中心。对于初创企业或业务较为单一的小型、家族型企业，可能无须建立财务共享服务中心；大型企业集团，尤其是那些跨区域、跨行业经营且需要集约化管理的，建立财务共享服务中心则显得尤为必要。

在进行可行性分析时，要综合考虑成本效益，评估系统建设的成本、预期效益、资金来源的稳定性以及是否与企业战略目标相契合。随后，应制定一份详尽的立项请示报告，确保其内容清晰、有说服力，并得到企业高层和关键部门的认可，这是确保项目顺利推进的关键。同时，要明确建设财务共享服务中心的重要性和长远意义，激发项目团队的工作热情，实现团队成员之间的共识和协作。除了公司领导和各部门负责人的参与，还应在全企业范围内进行广泛的宣传和解释，为项目实施打下坚实的基础。

2. 组建项目团队

在财务共享服务中心的建设过程中，构建一支高效的项目团队至关重要，该团队通常由两大部分构成：领导小组和实施小组。

第一，领导小组。领导小组由公司高层领导、软件公司的项目负责人以及咨询公司的项目经理等组成。领导小组成员需要具备全局观念，能够站在公司战略的高度对建设过程中的重要项目（包括新子系统开发、项目进度调整、预算变更等）进行审慎决策。

第二，实施小组。实施小组由公司内部的多部门成员组成，包括财务、信息技术、审计内控以及行政服务人员等。此外，还可能包括外部的咨询顾问和软件开发人员。这些不同背景的人员将在项目实施过程中相互协作，发挥各自的专长，形成协同效应。

项目团队的组建确保了从规划到执行的每个环节都有专业的人员参与，从而保障了财务共享服务中心建设的顺利进行和高效完成。

3. 选定建设地址

财务共享服务中心的选址对实现战略目标至关重要，需综合考量多个因素，如图5-5所示。

选址效益通常通过减少人员和管理层级实现，尤其在新地点建立财务共享服务中心时，成本降低更为明显，尤其是当地薪资水平较低的地区。

在我国，许多企业的总部及财务共享服务中心设在成本较高的发达城市，如北京、上海，这与人工成本和当地资源有关。我国人工成本相对较低，财务共享服务中心通过技术替代能显著减少人员成本。

《2018年度中国共享服务领域调研报告》显示，外资企业更注重人力成本和时区、语言、文化的接近性，以IBM和Siemens为例，它们追求效率、质量和成本的最佳平衡。我国企业更倾向于选择靠近公司总部或办公场所的地点，利用现有资源进行管控。

环境因素	涉及员工的工作和生活环境，以及整体的生活氛围
人力资源因素	考量人员素质和可用人才资源
成本因素	包括运营成本和由于地点选择带来的成本效益
业务活动因素	涉及通信设施、劳动力成本、税收政策、法律法规以及办公地点的租金等

图5-5 财务共享服务中心的选址参考因素

4.制定建设方案

建设方案是企业财务共享服务中心的总体规划文件，它详细阐述了建设的终极目标、阶段性进展、组织结构设计以及总体预算等关键要素。方案不仅覆盖了从基础数据采集到特定系统如费用报销影像扫描、银企互联、物资管理、工程预算管理、税企互联等的集成，还包括了CA认证和移动App等现代化功能模块。

组织架构和岗位设置需与财务共享服务中心的建设进度同步，以适应共享服务的逐步扩展和完善。在人员精简的情况下，可依据岗位不相容原则实行一岗多责。机构设置要全面覆盖财务共享服务中心的所有业务领域。

在预算方面，费用预算包括硬件和软件两大投入。硬件投入主要包括电子设备购置（如双屏电脑、服务器、扫描仪）和办公设施；软件投入则涵盖咨询费、系统开发费、接口开放费等。硬件投资在初期较大，随后逐渐减少，而软件投资则在各阶段保持稳定。

通过这一方案，企业能够确保财务共享服务中心的建设既符合当前需求，又具备未来发展的灵活性和可扩展性，同时控制成本，优化资源配置。

5.重组企业内部业务核算流程

对于多业态、跨区域的大型企业，重组内部业务核算流程是实现财务共享的关键步骤。这一过程应基于标准化原则，对各业态的核算流程进行梳理和优化，将可标准化的重复环节集中至共享中心处理。

在重组核算流程时，企业需进行细致的分析和分类，通过专业判断来确定哪些流程适合纳入共享系统。此过程不仅要依靠内部专业人员的深入分析，也应积极引入外部咨询专家的意见和建议，借鉴行业内优秀企业的成熟做法。

面对企业内部的不足和问题，企业应持开放态度，勇于揭露并正视管理上的漏洞。只有通过这种坦诚和自我批评的方式，企业才能找到问题的根源，进而采取有效措施，促进企业的持续改进和效率提升。

6.建立适合的内部架构

依据企业经营战略和财务战略，明确财务共享服务中心的定位后，应划清运营部门的职责和财务管理的职责，清晰审批权限和审批流程，进行流程再造。

在建立新的内部架构前，应先明确相应的原则，如图5-6所示。

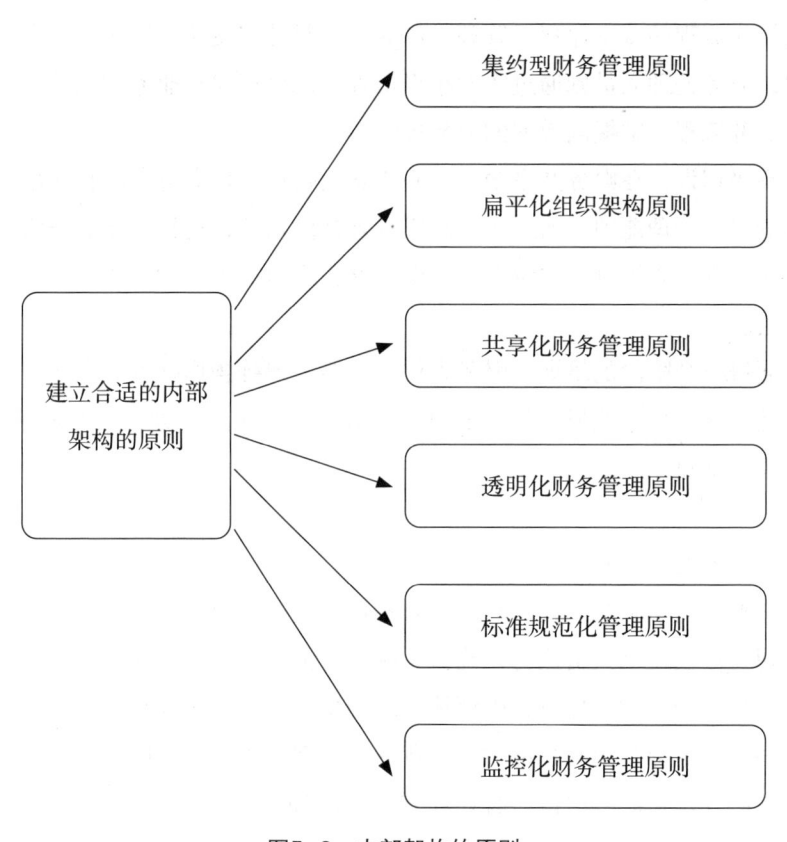

图5-6　内部架构的原则

除设定原则外，还需要设定核心组织架构，搭建财务管理中心，设定总会计师、财务总监、财务部经理、运营总监的管理权限及汇报流程。

7.开展人员培训

在建立财务共享服务中心后，必须对财务人员进行持续培训，以适应新的职责和工作模式。

初期培训：在财务共享服务中心成立初期，培训应聚焦于基础系统操作，目的是让财务人员快速理解并适应财务共享模式。通过专题授课、自学平台等，使管理人员和业务处理人员分别掌握财务共享服务中心的基本概念、业务流程和管理制度以及具体的业务操作技能。

进阶培训：随着财务共享服务中心的初步构建完成，培训内容应深入到理解操作流程的基本原理。管理人员通过参与外部交流、课程培训提升专业知识，业务处理人员则通过定期小组培训、综合授课和业务考试等方式学习新的业务流程，掌握高效率的业务技能。

高级培训：在财务共享服务中心成熟运行后，培训重点应转向培养财务人员的战略管理能力。通过提供高级管理技能培训，包括优化业务流程、信息系统管理、内控制度建设等，可以为财务人员提供成为企业战略管理人才的机会。

通过三个阶段的培训，财务人员不仅能够熟练操作财务共享服务中心平台，还能深入理解业务流程，发现并提出改进建议，推动财务共享模式的持续完善和优化。

8.系统运行测试

在财务共享系统建设阶段，需对各模块进行细致的反复测试。初步测试由公司财务及技术人员执行，确保系统运行无误。随后，应在全公司范围内开展至少一个月的试运行，以评估系统的稳定性、可靠性和易用性。在试运行期间，所有分公司和总部的财务业务，如费用报销、合同支付等，均通过共享中心处理，同时保留原有处理方式以核对结果。此外，应建立运行和维护规范，为系统正式运行提供数据支持。

9.系统正式运行

系统正式上线意味着财务共享服务中心建设满足设计要求，准备投入运营，标志着项目建设的完成和新运营阶段的开始。上线后，所有财务业务将通过共享中心统一处理，能明显缩短审批流程，提高效率，增强员工满意度。数据共享功能确保了成本费用数据的及时准确统计，可以为经营决策提供数据支持。

第四节 财务共享服务中心的运营与管理

运营管理是确保产品或服务流程高效执行的关键，它通过精细设计、执行、评估和优化流程来提升组织效率和持续改进。核心活动涵盖建立规范运作体系、维护组织纪律、监控执行效果以及随着组织发展不断进行流程的创新和优化。

对于财务共享服务中心，其服务模式的核心在于加强企业集团管控，促进财务信息高效流通，降低经营与财务风险，同时优化并提升资源配置的效率和效益。为实现这些目标，财务共享服务中心的运营管理需要不断优化。

一、企业财务共享服务中心的科学化运营

企业财务共享服务中心的科学化运营有着重要的意义，首先，通过建立与科学运营财务共享服务中心，能够将集团企业内部的财务人员和资源整合起来，避免各个子公司之间重复投入相同的财务资源，以提高企业财务管理效率。财务共享服务中心整合集团下属企业内部相应的财务作业工作，减少周转流程、避免重复操作等烦琐事务，让整个企业的操作更加高效。

其次，集团企业有多个内部单位，由于制度或业务的差异，企业的财务管理标准、流程也有所不同，给财务工作带来了许多困难。财务共享服务中心的建立与科学运营可以实现各个子公司或部门的财务处理流程标准化，可以更好地保证财务信息对整个企业的报表编制和决策支持的一致性和准确

性。另外，在财务共享服务中心下，可以集中控制各子公司的财务成本。共享中心建设可以为子公司提供前台的财务服务、后台的共享服务，并将具备大量经验的专业人员调配到服务中心内，以降低人力成本，节省开支，从而为整个集团更高效的资金运营减轻一部分财务压力。

如今，财务共享服务的理念和模式因其显著的价值和优势正日益受到企业界的广泛认可。越来越多的企业开始积极投身于财务共享服务中心的建设与运营中，致力于实现其科学化和高效化的财务管理。

二、企业财务共享服务中心的管理制度

（一）业务流程管理制度

财务共享服务中心的制度管理，尤其是业务流程管理，是集团企业转型的核心，通过集中处理标准化财务业务、优化流程，可以实现成本节约与效率提升。通过整合大数据，强化下属单位管控，推行一体化管理，支撑决策，可以加速集团目标实现。总之，建立明确的业务范围和流程制度是确保财务共享服务中心高效运营的关键。

1. 业务标准制定

财务共享中心的目标是统一集团内部管理制度与规范，标准化审批流程，减少主观性和个性化设计，提升工作质量。业务标准化可以促进财务共享服务中心效率和前端业务的规范化，是迈向财务共享服务的必经之路，因此需持续优化。

2. 流程标准制定

要确保集团各部门间协同顺畅，优化实物流、资金流、信息流。财务共享服务中心可以通过不断分析和优化现有流程，实现最优化运作。流程标准化是其高效和信息化建设的基石。在设计上，可以采用流程框架逐层分解，

包括流程地图、区域、场景和具体流程，进而形成全面的流程体系，确保高效运作。

3.财务共享服务流程范围

财务共享服务流程地图中的核心流程主要是指财务核算业务。财务共享服务中心的流程设计应针对核心流程区域逐一展开并进行优化和设计。

财务核心流程一般包括总账管理、应收管理、资产管理、成本管理、应付管理和资金管理等。

4.财务共享服务流程层级

财务共享服务流程具有层次性，从宏观到微观，由抽象到具体，确保流程的全面覆盖和精细管理。以资产核算法为例，它作为一级流程，下辖固定资产核算的二级流程，再细分至固定资产新增、减少、调拨、折旧等三级流程，以实现对业务的精准控制。

为保障财务共享服务中心流程的高效与规范，设计时必须深入流程的最小单位，对全业务场景下的最低层级子流程进行详尽规划，确保每一个环节都得到妥善处理，促进流程的稳定运行。

5.财务共享服务典型流程

财务共享服务的典型流程，如PTP（从采购到支付）、OTC（从订单到收款）、ATR（从账务到报表），是提升效率和质量的关键。以PTP流程为例，其核心在于公司与供应商的业务交接，包括发票信息采集、数据及业务处理、银行支付和客户服务四个阶段。发票信息采集通过扫描或电子方式，提取关键信息；数据及业务处理涉及发票信息的审核与转换；银行支付确保支付信息的准确执行；客户服务提供支持，处理内外部供应商的咨询与查询。

这些流程设计以满足企业环境和客户需求为目标，随环境变化持续优化。流程管理需立足于企业实际，围绕客户，以流程为基础，结合技术应用，实现流程的持续改进，从而提升企业流程绩效和市场竞争力。

（二）人员管理制度

人才管理是财务共享服务中心成功运营的基石，涉及选拔、培训和留住人才三个关键环节。

其一，选拔人才。财务共享服务中心作为集团企业内部的核心，其人才选拔更为严格，需考量专业知识与服务技能，确保团队的高效运作。

其二，人才培训。员工培训是提升个人素质和知识循环的关键，财务共享服务中心应针对不同层次制订培训计划，包括职前培训和在职培训，以激励员工自我学习，促进知识资产的有效利用。

其三，留住人才。面对人才流失的挑战，财务共享服务中心需创新管理，如实施轮岗机制和选拔输出机制，激发员工积极性，使其从基础处理向价值创造转型，通过多岗位锻炼，提升员工满意度和忠诚度。

轮岗机制遵循能者上、劣者下的原则，通过定期轮岗、培训和跟踪，促进员工成长和公司发展。选拔输出机制则提供公平的竞争平台，鼓励员工自我提升，实现个人与企业的双赢。

（三）文档管理制度

文档管理标准化是财务共享服务中心高效运作的基石，通过分类管理会计档案，形成数据资源，支持业务分析与决策。文档管理标准涵盖分类、人员职责、交接与保管流程。

会计档案分为凭证、账簿、报告、电子档案和其他类，其中电子档案包括信息化系统数据和电子影像资料。财务共享服务中心设立档案管理岗，负责会计档案的接收、打印、装订、归档与保管，确保资料安全，防止损毁、遗失或泄密。成员单位档案管理岗协同工作，定期编制档案移交清单，按程序办理档案借用和查阅手续，确保内外部合规。

（四）现场管理制度

现场管理通过科学方法优化生产要素的计划、组织、协调、控制与监测，确保生产流程顺畅。财务共享服务中心广泛采用5S管理法，即整理（SEIRI）、整顿（SEITON）、清扫（SEISO）、清洁（SEIKETSU）、素养（SHITSUKE），旨在营造整洁有序的工作环境。

财务共享服务中心应成立5S管理小组，由运营管理组组长担任负责人，成员由各科室员工轮流担任，负责制定5S规范、组织培训、监督执行、定期检查与评比，确保5S活动的有效实施，提升工作环境与效率，强化员工的规范意识和团队精神。

（五）服务管理制度

服务管理聚焦于财务共享服务中心员工的服务效果、时效与态度，是提升服务质量的核心。以客户为中心，服务管理制度涵盖沟通规范、首问责任制、投诉处理机制及客户满意度调查，旨在持续优化服务流程，增强客户体验，确保服务的高效与专业，从而提升财务共享服务中心的整体服务水平和客户满意度。

1.客户沟通管理规范

（1）时效要求

财务共享服务中心服务支撑岗需高效响应，确保在24小时内处理并回复通过公共邮箱的咨询，即使需跨部门协作，也应遵守此时效。电话咨询则要求即时回复，复杂问题的跟进与反馈不超过24小时。

（2）质量要求

回复需准确、详细、有充分依据，应严格遵守公司规章制度，使用礼貌语言，保证标准统一，避免同一问题出现不同解释。

（3）保密性要求

服务人员应严格遵守保密原则，对咨询过程中的敏感信息不得泄露，确保回复内容仅限于客户应有的知情范围，维护信息的安全与客户信任。

2.首问责任规范

首问责任制明确，首位接收咨询或接待的财务人员对事项负责，无论是通过公共邮箱接收咨询，还是多收件人邮件，首位收件人即为首问责任人。其职责包括如下几点：

第一，接待与答复。要以专业态度和礼貌语言接待咨询，尽力在能力范围内解答，若无法解答，应积极转介至相关部门或人员，并持续跟踪直至问题解决。

第二，跟踪与关闭。确保咨询在24小时内得到反馈，直至员工确认问题已获准确解答。

相关财务人员的职责如下：

第一，及时处理与反馈。接收到转交问题后，应在规定时限内处理并反馈，重大问题需请示领导后答复。

第二，培训与知识更新。新业务流程形成或原有流程变更时，负责对财务共享服务中心人员进行培训，确保知识更新。

第三，答复结果传达。将问题答复通过邮箱发送给首问责任人，由其转达咨询人，形成闭环管理，提升服务效率与质量。

3.投诉处理

投诉可分为以下两类，如图5-7所示。

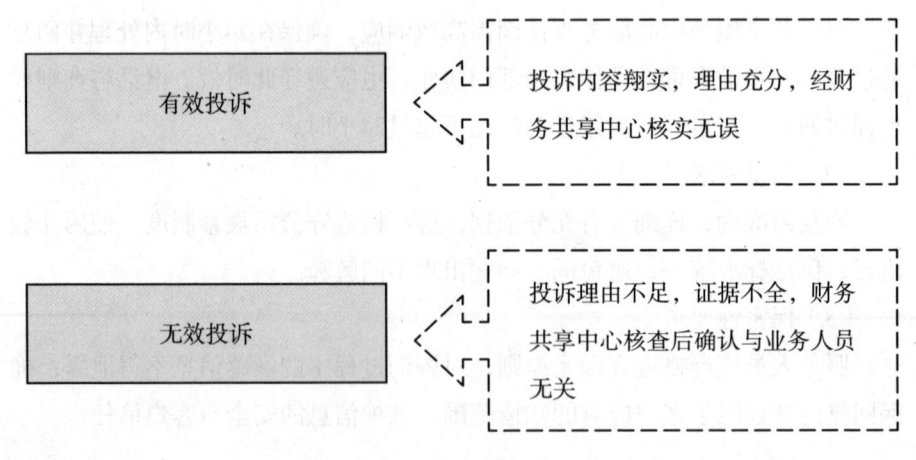

有效投诉	投诉内容翔实，理由充分，经财务共享中心核实无误
无效投诉	投诉理由不足，证据不全，财务共享中心核查后确认与业务人员无关

图5-7 投诉分类

投诉处理流程如下：

（1）投诉接收。员工可通过公共邮箱或热线电话提出投诉。

（2）初步分析与调查。财务共享服务中心服务支撑岗接收投诉后，应分析并组织调查，判断投诉的有效性及等级。

（3）调查与方案制定。核查后，服务支撑岗与被投诉人所在部门负责人应共同制定调查结果和处理方案，针对责任归属或流程问题采取相应措施。

（4）审批与执行。方案提交财务共享服务中心主任审批后，服务支撑岗根据审批结果对责任人进行考核处理，同时将投诉结果反馈给投诉人，确保其理解与认可。

（5）文档归档。处理完毕后，服务支撑岗将所有相关文档进行归档管理，以备后续参考与审计。

4.客户满意度调查

基于服务满意度调查与投诉分析，财务共享服务中心应精准诊断服务中的核心问题，针对识别的薄弱环节制定并实施具体整改措施，旨在持续提升服务质量，主要包括但不限于以下内容：

（1）定期评价与调查。为提升服务意识与水平，财务共享服务中心应定期进行客户满意度调查，覆盖服务效果、时限、态度、沟通技巧与协作性，同时分析投诉，诊断服务短板。

（2）改进方案与培训。应基于满意度调查，针对低分服务项目，制定具体改进措施，组织专业培训，提升员工技能，优化服务效果。

（3）服务意识与沟通培训。应强化员工服务意识，提升沟通技巧与服务能力，确保高质量的服务体验。

（4）绩效考核与责任追究。对于重大投诉，应确保责任明确，激励优质服务。

（5）流程优化与效率提升。针对新业务与问题，应梳理流程，剔除冗余，提升财务共享服务中心的工作效率。

（6）完善质量与服务标准。应建立全面的服务标准与质量管理体系，加强考核，持续推动服务质量升级。

三、企业财务共享服务中心的质量管理与绩效管理

（一）财务共享服务中心的质量管理

实施财务共享后，随着业务规模的扩大，保证会计质量成为企业信用的基石。有效控制业务质量风险，提升服务效率，是财务共享模式持续发展的核心。为此，构建全面质量管理体系至关重要。

全面质量管理（TQM）强调以质量为中心，全员参与，旨在通过客户满意、组织成员及社会的共同受益实现长期成功。会计TQM聚焦质量和效率，践行一切为用户着想，一切以预防为主，一切以数据说话，一切工作遵循"PDCA循环"的原则，构建"标准建立、过程控制、持续改进"的三部曲，形成分层质量管控机制。

分层质量管控机制分为管理层面和作业层面。管理层面，通过组建质量管理团队和区域质量管理员，负责标准制定、质量规划与推进；作业层面，则由作业员、审核员和质检组构成，确保业务标准的执行、审核与后台检查。可以通过系统控制、审核报告、定期质量会议、基础工作审查、内控评估及专项质量审计等手段，保障质量控制的有效性。

1.质量管理科学方法——PDCA循环

PDCA循环，即"计划（Plan）—执行（Do）—检查（Check）—行动（Action）"的持续改进模式，由沃特·阿曼德·休哈特提出，后经戴明博士完善，广泛应用于企业质量管理。

（1）计划（Plan）

在财务共享服务中心，建立标准是质量管理的基石。标准涵盖及时性、正确性和灵活性，能确保服务高效、合规且能适应复杂业务需求。

标准一：及时性。根据全年业务量波动，设定弹性处理时限，确保年末、季末业务高峰期的及时响应，避免影响财务决算。

标准二：正确性。遵循国家财税法规与内部管理制度，要求员工熟悉法规，及时更新知识，确保服务合规性。

标准三：灵活性。应遵从于业务特殊性，灵活处理复杂情况，避免刻板执行导致的用户不满。

此外，财务共享服务中心内部的监督检查，如账务核对与合规性检查，是自我质量监控的重要环节，旨在促进服务质量，强化财务内控。明确的检查标准与流程可以指导员工有效履行监督职责，是内部质量管理不可或缺的一部分。

（2）执行（Do）

制订服务质量和管理计划后，执行是确保计划落地的关键。财务共享服务中心需科学分配任务，优化工作方法，以实现服务提升和风险规避。

第一，工作任务分配。通过作业池集成所有业务系统，可以实现任务的统一调度与分配，根据派工规则，精准派发至各岗位，发挥规模效应，提升效率。

第二，任务分配和规则制定。业务组负责人可以利用运营管理平台，灵活调整任务分配，设置提单规则，确保每位员工遵循所在业务组的特定规则，如限制单次任务数和在手任务最大数，优化任务处理流程。

第三，采用科学高效的工作方法。财务共享服务中心员工分为单据审核人员与综合管理人员，两类人员应采用不同的时间管理策略，以确保工作高效完成。

单据审核人员：80%的时间专注于单据审核，20%的时间进行对账及自查，确保工作平衡与服务质量。

综合管理人员：侧重于提供支持与组织监督，处理部门内部综合性事务，确保团队协作与运营顺畅。

第四，工作任务管理。财务共享服务中心的员工可采用数字编号法，依据任务的紧急程度与重要性排序，确保紧急且重要任务优先处理，随后是紧急但一般的事务，最后准备重要但不紧急的工作，以科学规划时间，保障工作计划的顺利执行。

（3）检查与行动（Check、Action）

持续改进是质量管理的核心，通过"PDCA循环"的"检查（C）"与"行动（A）"阶段，可以实现服务质量与内控管理的优化。

监督管理（C）：在财务共享服务中心，可以通过会计核算与公司管控层面的双重检查,确保数据准确与风险可控。

第一,会计核算层面。要构建多层次监督体系,包括会计复核主管、账套主管、业务组长等,实施日常检查与不定期专项审核,以配合财务部实地核查,防范信息失真风险。

第二,管控层面。应建立风险监测预警体系,分析预算均衡、收支配比、关键费用均衡性等,以挖掘数据风险,保障信息真实准确。

总结改进(A):可基于检查结果,采取纠正措施,巩固成功经验,形成标准化流程。未解决的问题或未达成的目标,循环至下一个PDCA循环中,作为新计划的起点,持续推动质量提升。

PDCA循环在财务共享服务中心的运用,可以通过计划、执行、检查、行动的循环机制,有效提升服务质量,加强内控管理,确保组织在成长道路上稳健前行,实现可持续发展。

2.服务水平协议

服务水平协议(Service Level Agreement,SLA)是服务提供商与用户之间,为确保服务性能和可靠性,明确服务标准、开销和责任的协议。在财务共享服务中心的背景下,SLA的设立目的如下。

(1)明确职责与承诺。通过SLA,财务共享服务中心与内部客户(业务部门和财务部门)可以明确双方权利与承诺,确保责任落实到具体责任人,增强服务的透明度与可预见性。

(2)满足期望与需求。SLA设定服务标准,可以确保服务达到客户和最终用户的期望水平,是服务关系管理的重要环节,被视为财务共享服务中心运作的逻辑平台,有助于管理客户期望,避免服务差距。

(3)设计与评估。成功的SLA设计应考虑:①授权创新。要提高财务共享服务中心在管理上的灵活性,鼓励采用创新方法提升效率,快速响应客户需求。②资源评估与成本计算。要建立信息系统,采用活动成本计算方法,准确衡量非经营成本,优化资源使用。③文化变革。要推动服务提供方与接受方的文化变革,以客户需求为导向,改善双方关系,提升服务质量。

在实际操作中,SLA的形成不一定局限于正式文档,只要关键内容达成共识,备忘录等形式同样有效,关键在于双方对服务标准、成本和质量有共同的理解与承诺。

（二）财务共享服务中心的绩效管理

绩效管理是管理者与员工共同参与的循环过程，旨在实现组织目标。在财务共享服务中心，绩效管理的目的是通过评估员工的工作表现，激励优秀表现，提升整体绩效，并指导员工达成年度经营目标。

通过设定合理的组织、部门和个人目标，绩效管理可以帮助员工明确工作方向。管理者可以通过沟通和指导帮助员工解决工作中的问题，促进工作方法和态度的改进，确保绩效目标的实现。同时，可以对财务共享服务平台的运营指标进行统计和分析，以确保服务的规模化和高效率运营。

1.财务共享服务中心的组织绩效

组织绩效是指财务共享服务中心的整体运营业绩和效率，主要体现在标准时效、标准工作量、业务处理质量等方面，并通过绩效报表体现。建立财务共享服务中心组织绩效的主要目的是规范财务共享中心组织绩效管理方式，保证财务共享服务中心的运营效率。

（1）组织绩效的评价体系

第一，评价频率。财务共享服务中心通常按季度进行评价，由财务共享服务中心各部门负责人按照本制度评价打分，运营管理副主任审核，财务共享服务中心主任批准，并于次季度发布上季度组织绩效评价结果。

第二，评价机制。财务共享服务中心应根据不同类型的工作或岗位设定绩效评价指标类别，将每个指标类别细分为若干评价项目，分别规定具体考核要求和评价方法，并赋予一定的权重。要定期通过绩效报表进行统计、分析与考核。

评价财务共享服务中心组织绩效的指标包括标准时效、标准工作量、业务质量、服务满意度。各指标具体项目如下所示：

①标准时效：扫描时效、入账时效、付款时效、复核时效、归档时效。

②标准工作量：单据扫描标准工作量、核算标准工作量、出纳付款标准工作量、复核标准工作量、归档标准工作量。

③业务质量：扫描失误率、核算失误率、出纳付款失误率、归档失误率、咨询答复错误次数、培训考试不及格率、被投诉次数、流程管理水平、文档管理水平。

④服务满意度：服务满意度调查。根据财务共享服务中心组织绩效指标内容，设置绩效评分表，按照规定评价频率，定期通过绩效报表进行统计、分析与考核。

（2）组织绩效的发布流程

组织绩效报告从编制到归档的流程如下：

第一，相应评价人可根据系统自动获取的数据整理组织绩效报告，或者手工统计完成时效、标准工作量和业务质量评估结果。

第二，财务共享专家团队汇总并计算出最终组织绩效结果。

第三，上报运营管理副主任审核。

第四，财务共享服务中心主任审批。

第五，审批通过后，运营支撑岗发布组织绩效报告。

第六，运营支撑岗将已发布的报表存档备查。

（3）组织绩效的评价体系的优化模式

财务共享服务中心的组织绩效评价体系应根据服务对象和服务方式的不同而有所差异，并且随着发展阶段的变化而适时调整。

在成立初期，绩效考核指标和标准可以相对宽松，为组织提供成长和优化的空间。随着运营的稳定，应提高考核标准，确保其更严格和客观地反映组织绩效，并指导持续改进。在成熟期，面对新业务或新公司，应调整考核指标和标准，以快速适应变化。

当需要调整和优化绩效评价指标时，应由共享专家团队制定《组织绩效评价体系优化方案》，经运营管理副主任审批，并由财务共享服务中心主任核准后发布实施，这一流程可以确保绩效评价体系的科学性和适应性。

2.财务共享服务中心的员工绩效

财务共享服务中心的员工绩效评估旨在公正地衡量员工的工作成果和行为，以促进员工成长、提升满意度，并最终推动企业价值增值。绩效考核主要围绕满意度、工作效率、工作能力和工作质量四个维度。

第一，满意度考核。其涵盖扫描、审核、咨询和系统易用性，通过调查样本满意度百分比来评估。调查指标均为：满意人数/调查总样本×100%。[①]

第二，工作效率考核。可基于处理、响应和反馈速度，设定标准时间，计算处理速度率，反映员工工作效率。

第三，工作能力考核。评价员工在沟通协调、内控合规、业务分析、客户服务和财务软件应用等方面的表现，通常由领导进行。

第四，工作质量考核。可通过影像扫描退单率、票据匹配准确率、审核准确率、付款准确率和报表准确率等指标来衡量，主要通过系统数据和人工抽检获取。

简言之，财务共享服务机构的运营及优化是一项长期的、系统的工程，需要从业务标准化、流程优化及再造、信息系统架构及规划、数字化变革等方面不断加强能力建设，使财务共享服务的管理活动更加规范有序，达到提高运营能力、实现组织价值最大化的目标，体现财务共享服务的核心价值。

[①] 徐志敏，邵雅丽.云计算背景下的财务共享中心建设研究[M].长春：吉林人民出版社，2019：97.

第六章

数字化转型背景下的业财融合

随着全球科技日新月异的步伐,特别是人工智能、海量数据分析、云端服务等前沿技术的广泛渗透,数字经济已成为驱动全球经济增长的新动力源泉。鉴于此,企业纷纷踏上数字化转型之路,以灵活应对市场变迁,强化运营效能,并在激烈的市场竞争中脱颖而出。在此背景下,业务与财务的深度整合(简称"业财融合")作为企业管理与运营的新兴趋势,日益凸显了其对于增强企业竞争力、促进可持续成长的重要性。业财融合旨在通过打破传统界限,实现业务与财务信息的无缝对接与高效协同,为企业决策提供更为精准、全面的数据支持。

第一节 业财融合的定义与意义

一、业财融合的定义

业财融合的理念源自管理会计的融合性原理在单位实践中的应用深化，它倡导会计工作应跨越专业界限，深度融合到企业的各个层面与业务流程中，通过业务流程的基石作用，实现财务与业务活动的无缝对接。

关于业财融合，可以先拆分理解如下：

"业"涵盖企业日常运营的广泛范畴，涉及生产、经营等多个关键环节。

"财"是一个综合性的财务术语，不仅指财务会计的具体实践，还涉及与之紧密相连的管理职能。

"融合"意味着打破部门间的界限，实现相互渗透与协同作业。

当前，学术领域内关于业财融合的概念理解主要有以下两种主流视角。

（一）合作共生视角

吴金梅与陈生寿[1]将业财融合视为业务与财务一体化的体现，其核心在于企业市场运营与行政管理两大体系的紧密协作与无缝对接。从会计学的视角审视，业财融合归属于管理会计的领地，旨在为企业管理层提供全面而深入的决策支持与分析洞察。

---

[1] 吴娟.数字化转型中业财融合及其实现路径研究[M].长春：吉林人民出版社，2022：3-4.

易宜红进一步指出，随着各行业步入"管理驱动"的发展新阶段，财务职能正逐步从传统的记账、监督、分析向成为业务伙伴的角色转变，这种转变要求财务管理必须更加紧密地贴合业务实际，以提升资源配置效率，助力企业在激烈的市场竞争中占据优势。[1]

（二）合作与监督并重视角

何瑛与彭亚男提出，业财融合的实现依赖企业信息化建设的全面推进与高素质人才的培育，它需要在价值导向的引领下重构财务流程，实现对业务活动的全程财务管控，并依托科学合理的绩效考核机制，对业财融合团队进行有效的监督与激励。[2]

殷起宏与胡懿则强调，业财融合是企业推行精益管理的重要标志，它不仅促进了财务与业务之间的深度合作，还蕴含了通过监督机制确保融合质量、推动企业管理水平持续提升的深层含义。[3]

综上所述，业财融合就是业务与财务的深度融合，旨在构建一种无缝对接的体系，将业务动态与财务数据紧密相连，使财务部门能够前置性地评估业务活动的潜在经济影响，从而超越传统的事后核算范畴，有效克服财务信息滞后的局限。同时，业财融合能确保业务团队能够及时获得财务反馈，为业务决策与执行提供及时、精准的支持，进而促进业务活动的持续优化与高效运行的综合性过程。[4]

---

[1] 吴娟.数字化转型中业财融合及其实现路径研究[M].长春：吉林人民出版社，2022：3-4.
[2] 同上.
[3] 同上.
[4] 同上.

二、业财融合的意义

（一）打破业务与财务之间的壁垒

在数字化转型的框架下，业财融合促使传统业务与财务双方共同构建一个以数据为核心驱动力的全新生态系统。

1.业财融合可为企业运营编织精密的"数字地图"

业财融合能够实时、准确地收集、处理并分析来自业务各个环节的海量数据，包括但不限于销售、生产、采购、库存等，并与财务数据无缝对接，从而能形成一幅全面反映企业运营状况与财务健康状况的"数字地图"。这些数据源如同涓涓细流，汇聚成海，覆盖了销售活动的每一个成交瞬间、生产流程的每一个精细环节、采购决策的每一次成本考量以及库存管理的每一笔出入记录。通过先进的数据采集技术和分析工具，业财融合确保了海量数据的实时收集与高效处理，使企业运营的每一个细微变化都能被精准捕捉并转化为有价值的信息。更为重要的是，这些数据并非孤立存在的，而是通过业财融合的平台实现与财务数据的无缝对接与深度融合。

企业"数字地图"详尽描绘了企业的日常运营轨迹，深刻地揭示了其背后的财务健康状况与运营绩效。管理者只需轻轻一点，便能在这张地图上自由穿梭，既能从宏观视角审视企业的整体运营格局，也能深入微观层面，探究具体业务环节的细微波动。数据的深度融合为企业的管理决策带来了革命性的变化，它赋予了管理者一双"透视眼"，使他们能够穿透层层迷雾，迅速洞察市场动态，精准把握企业运营的脉搏。无论是面对市场需求的微妙变化，还是应对内部管理的突发状况，管理者都能依据这幅"数字地图"提供的丰富数据与深度洞察，迅速做出科学、合理的决策。基于数据的决策方式提高了决策的准确性和时效性，为企业的可持续发展奠定了坚实的基础。

2.业财融合可实现财务与业务的流程整合

流程层面不仅仅是部门间界限的模糊化，更是通过系统性的流程再造与优化实现了企业运营机制的全面革新。这一过程剔除了传统流程中的冗余与低效环节，如同为企业的血脉系统进行了精准的疏通，使信息流动更加顺畅，使决策链条显著缩短，使业务处理的敏捷性与效率实现了质的飞跃。

财务部门在流程整合的赋能下，能够依托先进的信息化平台，实时捕获并分析业务前端产生的海量数据。这些数据如同精准的导航仪，能够引导财务部门快速而准确地完成预算编制工作，确保资金分配既符合战略导向又紧贴市场脉动。同时，成本控制与财务分析等关键职能也得以在数据驱动下高效运转，不仅提高了财务管理的精细化水平，更为企业的盈利能力提升奠定了坚实基础。

对于业务部门而言，流程整合带来的最直观变化在于其不再需要等待漫长的财务周期来获取关键财务信息。业务部门能够即时获得来自财务部门的精准反馈，涵盖预算执行情况、成本控制效果及财务健康状况等多维度的信息。基于这些实时数据，业务部门能够迅速调整业务策略，优化资源配置，确保每一项业务活动都能紧密围绕企业的核心战略目标展开，实现业务增长与战略目标的高度契合。

流程层面的无缝衔接不仅极大地提升了企业内部各部门之间的协同效率，还赋予了企业更强的市场敏锐度和应变能力。在快速变化的市场环境中，企业能够迅速捕捉市场机遇，灵活应对各种挑战，确保业务运营始终保持在最佳状态。最终，由流程整合激发的业财融合效应将转化为企业市场竞争力的显著提升，推动企业在激烈的市场竞争中脱颖而出，实现企业的可持续发展。

由此可见，业财融合作为数字化转型浪潮中的核心枢纽，不只是业务与财务两个部门之间的简单结合，而是一场深刻的管理模式与工作流程的重塑。这一过程深刻体现了企业在追求高效运营与战略优化上的不懈探索，旨在通过技术手段与创新理念，彻底打破长久以来存在于业务前线与财务后端之间的信息孤岛与沟通障碍。

（二）提高企业的财务管理水平

当下，企业数字化转型已成为不可逆转的趋势。随着市场经济的日益繁荣，企业间的竞争愈发激烈，如何增强竞争力成为企业亟须攻克的难题。财务管理作为支撑企业稳健运营的基石，若仅局限于基础的数据核算与报告，将极大地限制其潜在价值的发挥。

在数字化浪潮中，推行业务与财务深度融合的策略不仅促使业务与财务流程无缝对接，还推动了财务领域的数字化转型，使之具备全方位、全周期的业务过程记录能力。这一转变实现了"事前规划、事中控制、事后分析"的全程数据透视，通过多维度、全流程的价值信息留存，增强了业务与财务数据的真实性、精确性与传输效率，在更广阔的维度上拓展了财务工作的职能范畴。同时，依托财务工作的核心优势，企业能够更精准地定位发展目标与方向，充分利用数字化工具，对资源进行高效、科学地配置与优化。强化预算管理与绩效评估，提升了资源利用效率，显著提高了财务管理的整体水平，为企业在激烈的市场竞争中赢得了先机。具体来说，通过深入剖析财务数据与业务信息的内在联系，企业能够更加清晰地识别出自身的优势与短板，制定出既符合市场趋势又紧贴自身实际的发展目标与方向。这一过程不仅是战略定位的精准化，更是发展路径的明确化，为企业的长远发展指明了方向。为了实现这些宏伟目标，企业积极拥抱数字化时代，充分利用各种先进的数字化工具和技术手段。这些工具如同企业的智慧大脑，能够高效处理海量数据，提供实时、精准的信息支持。通过数字化工具的应用，企业能够对内部资源进行全面盘点与精准评估，进而实现资源的高效、科学配置与优化。基于数据的资源配置方式减少了资源浪费，提高了资源利用效率，促进了企业内部各部门之间的协同与配合，提高了整体运营效率。此外，预算管理作为企业财务管理的核心环节之一，通过科学设定预算目标、严格监控预算执行、及时分析预算差异等措施，确保了企业资源的合理分配与有效利用。绩效评估是对企业各部门及员工工作成果进行客观评价的重要手段，通过设定合理的绩效指标、建立科学的评估体系、实施有效的奖惩机制等措施，可以激发员工的积极性和创造力，推动企业的持续进步与发展。

（三）推动企业的精细化管理与战略革新

在瞬息万变的市场环境中，企业面临着日益加剧的经营挑战。为应对这些挑战，企业亟须从传统的粗放式管理向精细化管理转变，并探索战略层面的转型升级。

业财融合巧妙地将价值管理理念融入业务运作中，为企业的日常运营和长远战略规划提供了持续、专业的全方位支持，助力企业精准施策，加速转型步伐。

作为一种先进的管理策略，业财融合的精髓在于将价值管理的核心理念深植于企业的每一个业务环节中，构建起一座连接业务实践与财务管理智慧的桥梁。这种融合不仅是对传统管理模式的革新，更是对企业资源高效配置与价值最大化追求的深刻体现。通过将财务管理的前瞻性、严谨性与业务的灵活性、创新性紧密结合，业财融合为企业的日常运营提供了更加精准、高效的支持体系。

在日常运营层面，业财融合确保了企业财务数据的实时性、准确性和全面性，使管理层能够基于翔实的数据分析，对市场变化、客户需求、成本结构等关键要素做出快速响应与调整。基于数据驱动的决策机制有助于企业及时发现并解决运营中的问题，优化资源配置，提升运营效率。同时，财务部门能更好地发挥其在成本控制、预算管理、风险防控等方面的专业优势，为业务部门的稳健发展保驾护航。

在长远战略规划方面，业财融合为企业提供了更加全面、深入的战略视野。通过深入分析市场趋势、竞争对手动态以及企业自身的优势与劣势，财务部门能够协助管理层制定更加科学、合理的战略目标与路径。业务部门的实践经验与市场洞察为战略规划的落地实施提供了宝贵的参考与支撑。二者相辅相成，共同推动企业向着既定目标稳步前进，如财务部门通过深入分析生产成本构成，发现原材料采购环节存在较大的成本节约空间，进而与采购部门共同制定更加合理的采购策略，这样不仅降低了采购成本，还提高了供应链的稳定性与效率。

（四）提高企业的运营效率和经济效益

在激烈的市场竞争下，企业不仅需要对外积极拓展市场，更需对内强化成本控制与效益管理，降本增效成为提升企业竞争力的核心策略。

在资源配置方面，业财融合通过促进业务与财务信息的深度融合与共享，使企业能够更加清晰地把握内部资源的分布状况与使用效率。财务部门借助先进的数据分析工具与模型，可以对各项资源的投入产出比进行精确评估，为管理层提供科学、合理的资源配置建议。

业财融合可以通过精准捕捉和反映成本费用动态，深入剖析其变动根源，促进全员成本意识的觉醒，构建一个闭环的成本费用管理机制。这一机制为优化成本管理策略奠定了坚实基础，并通过提升资源利用效率、优化成本控制与效益分析以及促进跨部门协作等方式，有效提升资源利用效率，在有限的成本基础上实现企业经济效益的最大化。

（五）提升企业决策的科学性

财务部门作为企业的价值信息核心，掌握的财务数据直接反映了企业的财务健康状况、经营绩效及现金流动状况，是决策制定不可或缺的依据。业财融合深化了财务对业务活动的理解，实现了业务信息与财务数据的无缝对接，形成了一个既具财务专业性又涵盖业务全面性与综合性的信息体系。这一体系为企业的战略规划、日常决策、执行控制及绩效评价提供了强有力的信息支撑，能够助力企业实现高效运营与价值最大化。

财务管理部门依托对业务管理部门提交的业务统计数据的深入剖析与综合评估，为企业业务管理活动提供了坚实的决策支持，有效促进了企业各项业务的全面、健康发展，确保了业务活动的蓬勃活力与持续优化。[1]

财务部门的专业分析与业务部门的实战经验相结合，能够为企业战略规划、项目评估、资源配置等关键环节提供更加全面、深入的见解。同时，通过建立跨部门协作机制，企业能够汇聚多方智慧，形成合力，共同应对市场挑战，把握发展机遇。

---

[1] 彭海军.企业如何利用数字化转型深化业财融合[J].中国商界，2024（1）：214-215.

第二节 数字化转型对业财融合的影响

一、数字化转型对业财融合的积极影响

数字化转型对业财融合的积极影响表现在多个方面,如启发业财融合发展新思路、推动业财融合技术变革与应用、提升业财融合决策质量、提高业财融合人才素养,如图6-1所示。

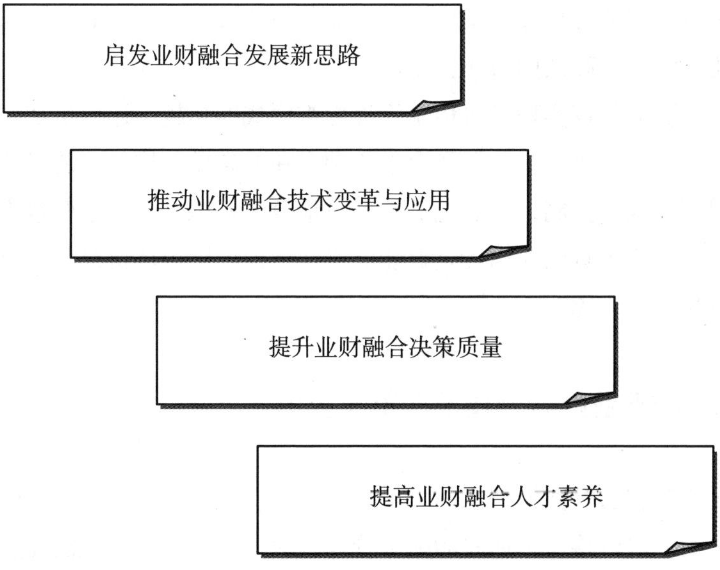

启发业财融合发展新思路

推动业财融合技术变革与应用

提升业财融合决策质量

提高业财融合人才素养

图6-1 数字化转型对业财融合的积极影响

（一）启发业财融合发展新思路

在当前大数据、智能化、移动互联网、云计算（简称"大智移云"）广泛普及的数字时代，业财融合作为管理会计领域的核心议题之一，焕发出了前所未有的新活力与实践深度，它不再只是理念上的融合，而是转化为了一系列具体、高效且富有创新性的实践举措。

面对汹涌而来的数据洪流，企业不得不正视其背后隐藏的机遇与挑战。技术的日新月异不仅重塑了市场格局，加剧了竞争态势，还使消费者的需求变得更加多样化、个性化且难以预测。在这样的背景下，传统的管理会计框架显然已难以满足企业快速响应市场变化、精准决策的需求。因此，企业亟须打破陈规，勇于探索，构建一个既符合新时代特征又能有效支撑企业战略转型与持续发展的管理会计体系新框架。

数字化转型为业财融合注入了强大的动力。它让数据成了连接财务与业务两大领域的核心纽带，通过数据的深度挖掘与分析，企业能够洞察到业务运营中的细微变化与潜在趋势，为财务管理提供更加精准、及时的信息支持。同时，互联网与大数据技术的深度融合可以进一步拓宽企业财融合的边界，使财务部门能够更加主动地参与到业务决策过程中，从而能够与业务部门形成更加紧密、高效的协作关系。

当前，企业不仅实现了对传统管理思维模式的超越，还以更加开放、创新的视角审视并解决了企业财融合中长期存在的难题。比如：通过数据驱动的预算管理与成本控制，企业能够更有效地分配资源，提升运营效率；通过智能化财务分析工具的应用，企业能够更快速地识别市场机会与风险，为战略调整提供有力支撑。

（二）推动业财融合技术变革与应用

借助大智移云等前沿技术的力量，企业拥有了构建全面业财一体化信息系统的能力，可以将原本孤立的财务管理与业务管理系统实现深度整合。这一全局性的信息系统的核心在于构建了一套高效、完善的数据处理机制。

与传统管理会计相比，业财融合正在不断实现数据收集的全面化与多样化。数字化转型下的业财融合不再局限于企业内部单一的财务记录与常规业务数据,而是将触角延伸至更广泛的数据源,包括非结构化数据等,实现了数据收集范围的显著扩展。

此外,企业会在适应数字化转型的进程中,更深刻地认识到数据作为核心资产的重要性,会更加积极地尝试构建一个高效、统一的数据平台,以实现跨越多个业务与财务系统的数据集成与无缝共享。这个平台将成为企业数据生态的基石,能够跨越传统的业务与财务系统界限,实现数据的全面集成与无缝共享。在这个平台上,来自不同部门、不同业务环节的数据将得以汇聚,经过清洗、整合、分析后,转化为对企业有价值的信息与洞见。构建这样的数据平台,需要企业投入大量的资源与技术力量,包括但不限于引入先进的数据处理技术、建立统一的数据标准与规范、培养专业的数据分析团队等。同时,企业需要关注数据的安全性与隐私保护,确保在数据共享与利用的过程中不会泄露敏感信息或侵犯用户权益。通过这一努力,企业不仅能实现数据的高效流通与共享,提升整体运营效率与决策水平,还能促进业务与财务之间的深度融合,形成更加紧密、协同的工作机制。基于数据的业务模式与管理体系将为企业带来前所未有的竞争优势与发展动力,助力企业在数字化转型的道路上越走越远。

(三)提升业财融合决策质量

在数字化转型的推动下,业财融合实现了对业务与财务数据的即时捕获、高效处理与深入分析。这一变革赋予了管理层前所未有的信息获取速度与质量,显著提升了管理流程的效率,并使决策构建在更加坚实、即时的数据基础之上,促进了决策过程的科学化与精细化。

依托大智移云等前沿技术,数字化转型为业财融合构建了更为精确的预测分析工具,极大地增强了决策制定的准确性。大数据技术的引入使企业能够以前所未有的广度和深度收集、存储并分析各类业务与财务数据。这些数据涵盖了市场的微妙变化、客户的消费习惯、供应链的运作效率以及内部管理的每一个细节,为企业的决策提供了丰富的信息支撑。人工智能算法的加入则如同一位智慧的顾问,能够自动学习并理解这些数据背后的复杂关系与规律，进而预测未来的发展趋势与潜在风险。在这样的背景下，数字化转型为业财融合量身定制了一套精确的预测分析工具。这些工具基于海量数据与智能算法，对业务发展的多种可能性进行模拟与评估，为管理者提供科学的决策依据。无论是制定长期战略规划，还是应对短期市场波动，企业都能借助这些工具获得更加准确、全面的预测结果，从而制定出更加合理、有效的决策方案。此外，数字化转型还促进了企业财融合决策流程的自动化与智能化。通过集成各类预测分析工具与业务流程系统，企业能够实现决策的即时响应与快速调整，提高决策制定的效率与准确性，增强企业的市场适应能力与竞争力。

此外，业财融合可以实现对海量数据的全面剖析，管理层能够敏锐洞察市场趋势，提前预判潜在风险并迅速调整战略方向，以确保企业在复杂多变的市场环境中保持稳健前行的态势。业务与财务部门携手聚焦于企业的长远发展目标与战略蓝图，构建起前所未有的紧密协作纽带，有效促进了企业内部的凝聚力、执行力、决策质量的不断提升。

（四）提高业财融合人才素养

在数字化转型过程中，我国日益加强对综合型管理会计人才培养的重视，强调培养既精通财务又熟悉信息技术的复合型人才，以此作为推动企业业务与财务深度融合的基石。这一趋势促使管理会计人员不断提升自身在信息技术应用方面的能力，为企业实现业财一体化提供坚实的人才保障。

与此同时，大数据、人工智能等技术的快速发展，虽然在一定程度上替代了部分传统会计职能，给财务工作者带来了职业转型的压力，但也激发了他们观念的革新。财务人员开始意识到，仅专注于财务操作已不足以应对未来挑战，必须拓宽视野，融入经营管理的理念，提升综合管理能力。相应地，企业人员也需增强财务意识，掌握基本的财务知识，以更全面的视角参与企业运营，从而提升个人价值，重塑职业形象。

因此，数字化转型激励着财务人员、业务人员等关键岗位人员积极拓宽能力边界，主动适应并引领变革，以满足新时代对企业发展的要求。这一过程不仅促进了个人能力的全面提升,更为企业推进业务与财务的深度融合创造了有利条件。

二、数字化转型对业财融合的消极影响

数字化转型对业财融合的积极影响是显著的,但在短期内,一些企业的业财融合可能会出现一些不可避免的问题,如增加企业成本、遭遇技术壁垒、面临数据安全风险、过度依赖技术而忽视人本管理,如图6-2所示。对企业在业财融合中遇到的这些问题简述如下。

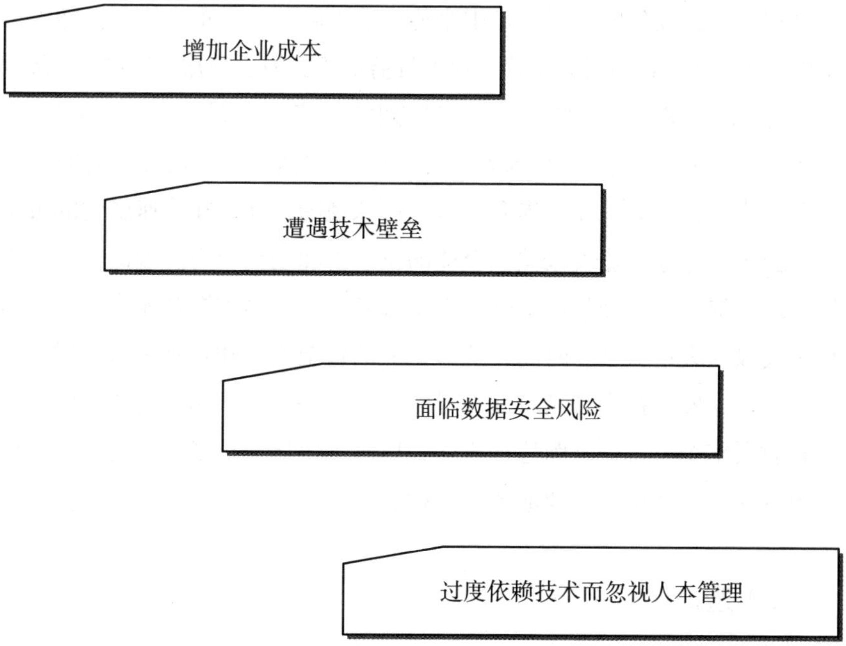

增加企业成本

遭遇技术壁垒

面临数据安全风险

过度依赖技术而忽视人本管理

图6-2 数字化转型对业财融合的消极影响

（一）增加企业成本

在推动企业向数字化转型的进程中，不可避免的是需要巨额资源的倾注，特别是在技术研发的深化、先进设备的购置以及人员专业技能的提升等多个关键环节。

对于许多中小型企业而言，初期与持续性的投资往往构成了不小的经济压力，可能影响到企业的资金流动与日常运营。面对日新月异的市场竞争环境，技术的不断革新成了其保持竞争力与实现可持续发展的关键所在。然而，这一转型过程并非坦途。

首先，技术研发的深化是中小型企业转型升级的重要一环。为了开发新产品、优化生产流程或提升服务品质，企业往往需要投入大量资金用于研发活动，包括聘请专业人才、购买研发设备、支付研发材料等费用。这些投资不仅金额庞大，而且回报周期相对较长，给企业带来了不小的经济压力。

其次，先进设备的购置也是中小型企业面临的一项重大挑战。随着科技的不断进步，生产设备更新换代的速度日益加快。为了提升生产效率、降低能耗、提高产品质量，企业需要引进先进的生产设备。然而，这些设备价格高昂且需要配套的安装、调试、培训等费用，进一步加剧了企业的经济负担。

此外，人员专业技能的提升也是不可忽视的一环。在快速变化的市场环境中，员工的专业技能直接关系企业的竞争力和创新能力。因此，企业需要定期为员工提供培训和学习机会，以提升其专业素养和综合能力。培训活动同样需要投入大量资金和时间，这对企业的资金流动和日常运营造成了一定影响。同时，鉴于技术领域日新月异的发展态势，技术革新与迭代的速度惊人，这就要求企业必须不断追加投入，以跟上市场与技术前沿的步伐，持续性的投入无疑又加重了企业的成本负担。

（二）遭遇技术壁垒

企业在踏上数字化转型的征途时，不得不面对一道难以忽视的技术壁垒。这不仅意味着需要掌握一系列前沿的信息技术，还涵盖了如何有效整合这些技术以支持企业运营的各个方面。因此，企业必须具备强大的技术支撑体系，包括先进的IT基础设施、稳定的系统架构以及持续的技术创新能力。同时，充足且高素质的专业人才是跨越这道门槛的关键，他们需要具备深厚的专业知识、丰富的实战经验以及对新技术的敏锐洞察力。然而，对于众多中小企业而言，这样的要求无疑构成了巨大的挑战，不仅在于资源的有限性，更在于如何快速适应并引领这一技术变革的潮流。

（三）面临数据安全风险

随着数字化转型的深入发展，企业所积累的数据量呈爆炸式增长，这些数据不仅包含了企业的核心机密，还涉及客户隐私等敏感信息。因此，数据安全风险也随之大幅增加。一旦企业的数据保护措施出现漏洞，就会导致数据泄露或被恶意攻击者利用，其后果将不堪设想，可能导致企业面临巨额的罚款和赔偿，可能严重损害企业的声誉和品牌形象，进而影响企业的长期发展。为了应对这一风险，企业需要建立健全的数据安全管理体系，包括加强数据加密、访问控制、安全审计等方面的措施，同时增强员工的数据安全意识，确保数据的全生命周期安全。

首先，加强数据加密是数据安全管理体系中的核心环节。企业应采用先进的加密算法和技术对敏感数据进行加密处理，以防止数据在未经授权的情况下被访问、窃取或篡改。包括但不限于对存储在服务器、数据库、云存储等位置的数据进行加密，以及对在网络中传输的数据进行加密传输，确保数据在各个环节的传输过程中都保持加密状态。

其次，访问控制是保护数据安全的重要手段。企业应建立完善的访问控制机制，明确不同用户、不同角色对数据资源的访问权限，确保只有经过授权的用户才能访问相关数据。要求企业实施严格的身份认证和权限管理机制，对访问行为进行实时监控和审计，及时发现并阻止任何未经授权的访问尝试。

再次，安全审计也是数据安全管理体系中不可或缺的一环。通过定期对数据访问、操作、变更等行为进行审计，企业可以及时发现潜在的安全风险和问题并采取相应的措施进行整改。安全审计不仅有助于企业提升数据安全管理水平，还可以为企业应对数据安全事件提供有力的证据支持。

最后，增强员工的数据安全意识也是保障数据安全的关键。企业应加强对员工的数据安全培训和教育，使员工充分认识到数据安全的重要性，了解并掌握基本的数据安全知识和技能。通过定期组织培训、演练等活动，可以提升员工的数据安全意识和应对能力，形成全员参与数据安全管理的良好氛围。

（四）过度依赖技术而忽视人本管理

在数字化转型的过程中，部分企业容易陷入技术至上的误区，过分追求技术的先进性和效率性，而忽视了人本管理的核心价值。

在推进业财融合的进程中，若企业过分偏重技术层面的革新与优化，而忽视了人的核心地位与价值，那么这一转型之路可能会偏离其初衷，带来一系列不容忽视的负面影响。

首先，过度依赖技术而忽略员工的需求与感受，容易使企业陷入"技术至上"的误区，忽视员工作为企业发展基石的重要作用。这种忽视可能导致员工感到被边缘化，进而削弱他们的归属感和工作热情，还可能引发一系列心理与情感上的不满，影响员工的工作积极性和创造力。

其次，当技术成为业财融合的主导力量时，人与人之间的沟通与协作可能会受到不同程度的阻碍。技术虽然能够提高工作效率，但也可能在无形中构建起一道屏障，使原本应该紧密合作的团队成员之间出现沟通不畅、信息传递失真等问题。这种沟通障碍不仅会影响团队的协作效率，还可能导致决策失误、资源浪费等严重后果。

更为严重的是，过度依赖技术而忽视人的因素还可能引发更深层次的管理问题。例如，管理层可能过于依赖技术数据来做出决策，而忽视了员工的实际经验和判断，导致决策过程缺乏人性化考量，难以得到员工的认同和支持。此外，技术的不当应用还可能加剧企业内部的不平等现象，如技术掌握程度不同的员工之间可能产生隔阂与矛盾，进一步影响团队的凝聚力和稳定性。因此，在推进业财融合的过程中，企业必须充分认识到人的重要性，将技术与人文相结合，构建以人为本的管理体系。这就要求企业不仅要关注技术的革新与应用，更要关注员工的需求与感受，加强员工之间的沟通与协作，培养员工的归属感和工作热情。只有这样，企业才能在业财融合的道路上稳健前行，实现可持续发展。

具体来说，企业在推进数字化转型的同时必须注重业财融合过程中人本管理的重要性，做好以下工作。

首先，企业应积极构建跨部门合作框架，确保财务与业务部门之间的无缝衔接与高效协同，包括建立高效的沟通平台和机制，确保关键信息能够迅速传递与共享，推动业务与财务的深度融合。

其次，企业应精心策划员工成长与发展计划，提供量身定制的培训项目和学习资源，帮助员工掌握前沿技能与知识，提升其在业财融合实践中的适应力与贡献力。

再次，企业应构建一套科学、合理的激励与绩效管理体系，充分激发员工的潜能与创造力，包括设定清晰、可量化的绩效指标，采用多元化的激励措施等。

最后，企业应积极倡导并践行积极向上的企业文化理念。通过组织丰富多彩的团建活动，可以加强内部沟通与协作，进而培养员工的责任感与使命感，激发其在企业业财融合发展中的热情与贡献动力。

第三节 数字化转型背景下实现业财融合的策略

一、明确业财融合目标

（一）明确数字化转型的目标与方向

企业需深刻洞察自身业务现状与市场需求，明确数字化转型的具体目标与方向，包括界定数字化转型的核心价值主张、设计适应数字时代的业务流程并规划技术应用的实施路径。

明确数字化转型的具体目标与方向是企业战略层面的重大决策。它要求企业从全局视角出发，结合行业特点、竞争态势及自身资源禀赋，界定出数字化转型的核心价值主张，即转型旨在解决哪些关键问题、创造哪些独特价值、满足哪些未被充分满足的市场需求。这一核心价值主张将成为引领企业数字化转型的灯塔，指引企业在复杂多变的数字世界中保持方向清晰、步伐坚定。

在明确转型目标与方向后，企业需要着手设计适应数字时代的业务流程。这意味着要对现有业务流程进行全面梳理与优化，去除冗余环节，提升流程效率，增强流程灵活性与响应速度。同时，需结合数字化转型的核心价值主张，将数字技术融入业务流程的每一个环节，实现业务流程的智能化、自动化与协同化。这样的设计能够提升企业的运营效率与服务质量，为企业创造更多的价值增长点。

规划技术应用的实施路径是数字化转型的关键步骤之一。企业需要根据自身的技术基础、人才储备及资金实力等条件，制定切实可行的技术应用计划。例如，可以优先引入先进的数据分析工具，通过大数据分析、机器学习等技术手段提升财务决策的智能化水平；引入自动化技术优化财务核算流程，减少人工错误，提高核算精准度与效率。在实施过程中，企业需注重技术的持续迭代与升级，确保技术应用始终保持在行业前沿水平。

（二）确保业财融合目标与企业战略目标的高度一致

确保业财融合的目标与企业的整体战略紧密相连且高度一致是推动企业持续稳健发展的关键一环。这一融合过程要求财务部门深入了解企业的战略愿景、长期目标及短期经营计划，将财务思维深度嵌入企业的每一个业务领域中，形成战略与财务的紧密联动。

为了实现上述目标，财务部门必须扮演起战略伙伴的角色，而不仅是数据记录者或成本控制者。

首先，财务部门需要深刻洞察并理解企业的战略愿景，包括对企业长期发展方向的清晰把握以及对企业核心竞争力的深刻理解。通过积极参与战略规划的讨论与制定，财务部门能够确保自身的工作重点与企业的长远目标保持一致，从而为企业的发展提供坚实的财务支持与保障。

其次，财务部门还需将这一战略理解转化为实际行动，通过深入分析企业的长期目标与短期经营计划，制定出相应的财务策略与计划。这要求财务部门不仅要具备扎实的财务专业知识，还要对企业的业务模式、市场环境及行业动态有深入的了解。只有这样，财务部门才能为企业的各个业务领域提供精准、有效的财务指导与支持。

更为重要的是，业财融合的过程要求财务部门将财务思维深度融入企业的每一个业务领域中。这意味着财务部门需要与业务部门建立紧密的合作关系，通过共同参与项目策划、业务分析、绩效评估等环节，将财务控制与管理融入企业的日常运营中。这种深度融合能够提升企业的运营效率与决策质量，增强企业的风险防控能力与市场竞争力。

二、构建业财一体化系统

（一）引入事件驱动业务运行

业财融合的核心理念借鉴了信息技术中的"事件导向"机制，旨在强化财务、资金及各系统间的信息流通与集成，从而精简财务数据，优化业务流程。

在当前的财务集成管理框架下，企业内部的业务部门依据职能差异被界定为各具特色的"业务事件单元"，通过"事件导向"机制精细追踪与监控每项业务活动，可以全面捕捉并记录业务运行中的数据动态。基于适当的授权机制，财务集中处理中心能够即时响应业务部门的申请，依托财务数据深度分析对申请进行科学评估与审核。该中心还扮演着业务执行过程中的实时监管者的角色。

（二）确立统一的标准化管理体系

随着财务集成管理模式的深化，构建一套系统化的监督与管理框架显得尤为重要，这往往通过制定并执行统一的标准化规范来实现。

首先，在企业高层的战略规划层面，必须确保财务集成管理模式的构建与企业的长远发展目标及短期业务目标紧密相连。为此，需要建立一套标准化的审批流程，对财务集成模式的规划、实施及调整进行严格的把关与审核。这一过程能确保财务集成模式与业务目标的紧密契合，有效避免决策过程中的随意性与盲目性，为企业的稳健发展奠定坚实基础。

其次，针对业务执行层面的员工持续开展财务知识更新与培训成为不可或缺的一环。通过定期举办财务知识讲座、研讨会及实操培训等活动，可以帮助员工深入了解财务集成管理的核心理念、操作流程及最新发展动态。这不仅能提升员工的财务素养与业务能力，还能促进他们对财务集成理念的深刻理解与内化，从而在日常工作中更加自觉地遵循相关规范与要求。

再次，业务操作流程的标准化与规范化是确保财务集成管理模式有效运行的关键。企业需根据自身的业务特点与需求，制定一套详尽、具体的标准化操作规程，对业务操作的每一个环节进行明确界定与规范。这不仅能确保业务执行的规范性与高效性，还能有效减少人为错误与操作风险，提升企业的整体运营效率与服务质量。

最后，从保障业务连续性与稳定性的角度出发，建立并维护一套标准化的监督机制显得尤为重要。这一机制应涵盖对财务集成管理模式的执行情况、业务操作流程的合规性、财务数据的真实性与准确性等方面的全面监督与检查。通过定期或不定期的内部审计、风险评估及问题整改等措施，可以及时发现并纠正存在的问题与不足，确保财务集成管理模式的持续有效运行与不断优化升级。同时，这一监督机制还能为企业高层提供及时、准确的决策支持信息，助力企业更好地应对市场变化与风险挑战。

三、构建信息沟通系统

（一）构建数据中枢平台

标准化核心数据管理是企业迈出的关键一步。通过构建数据中枢平台，企业能够实施统一的数据标准化与治理策略，确保数据的准确性、一致性和可用性。有助于减少数据冗余和错误，为后续的数据分析、挖掘和应用奠定坚实的基础。

企业应积极构建标准化数据中枢平台，核心数据的共享涵盖了企业内部各职能部门的紧密协作，延伸到了与外部合作伙伴、供应商及客户之间的无缝对接。

企业应进一步整合业务与财务的各类数据，建立统一的数据仓库，实现数据的集中存储、安全管理和即时更新。通过数据仓库，企业可以轻松获取全面、准确、及时的数据信息，为战略决策提供有力的数据支撑，助力企业把握市场机遇，规避潜在风险。同时，企业应充分利用云计算、大数据、人工智能等先进信息技术，实现数据、流程及系统的全面整合与共享，构建起一个高效、透明、智能的管理网络，从而显著提升管理效能，加速企业的数字化转型进程。

（二）全面优化业务流程

为了进一步提升企业的运营效率和市场竞争力，企业还应全面优化业务流程，包括从预算编制、项目立项、采购管理、合同管理、变更控制、验收审核到付款结算的全链条优化以及资产的整个生命周期管理。

企业应将流程优化贯穿"预算—立项—采购—合同—变更—验收—付款"全业务环节及资产全生命周期管理，将原本烦琐的流程不断简化，消除不必要的环节和瓶颈，从而使企业激发内部管理的活力，提升价值创造能力。此外，企业应加强流程监控和反馈机制，确保各业务环节的高效顺畅运行，减少资源浪费和成本支出。

（三）以价值为导向挖掘数据

业务部门与财务部门之间的紧密合作对于企业的持续发展和价值创造至关重要。

一方面，业务部门在追求业务增长与创新的同时，应当牢固树立价值导向的核心理念，致力于深入挖掘与分析财务数据背后所蕴含的丰富信息。这要求业务部门不仅要关注日常的业务运营与业绩指标，更要具备敏锐的洞察力，能够从财务报表、成本结构、利润分布等多个维度出发，全面了解企业的财务状况、经营成果以及潜在的风险与机遇。通过深入剖析财务数据，业务部门能够更清晰地认识到哪些业务环节是盈利的，哪些是需要优化的，从而精准地识别出推动企业持续成长的关键因素。在此基础上，业务部门可以制定出更加符合市场趋势和企业实际的发展战略与业务计划，为企业的长远发展提供有力支撑。

另一方面，财务部门在数字化转型的浪潮中也应积极顺应时代变化，主动转变自身角色定位。传统的财务部门往往侧重会计核算与财务监督，而在现代企业管理中，财务部门更应成为企业的战略伙伴和决策支持者。这要求财务部门不仅要具备扎实的财务专业知识与技能，还要深入了解企业的业务模式、市场环境及行业趋势，能够运用先进的财务管理工具与方法为企业提供高质量的财务分析与预测服务。同时，财务部门应积极参与企业的战略规划与决策过程，从财务角度为企业的战略选择、资源配置及风险管理提供专业意见与建议。通过与企业高层的紧密合作与沟通，财务部门能够确保企业的战略决策既符合财务原则，又能有效推动企业的长期发展。

在业务与财务的交互中，双方需转换视角，从对立走向合作，共同关注企业的长期发展和价值创造。通过加强沟通、协调和信息共享，双方可以共同制定符合企业实际情况的战略规划和财务目标，共同推动企业价值的守护与创造，实现双赢局面。

四、重塑业财组织架构

重塑业财组织架构是促进企业数字化转型的必由之路。在数字化浪潮的席卷下,企业面临前所未有的变革挑战与机遇。为了在这场转型竞赛中脱颖而出,重新构建与优化业财组织架构成了不可或缺的关键举措。

(一)强化业财部门的职能与角色

传统财务职能需向更加前瞻性、战略性的方向转变,不仅要精通财务核算与报告,更要具备强大的数据分析能力与业务洞察力。

企业应积极调整财务部门的职责范围,提供必要的培训资源与技术支撑,助力财务人员掌握数字化工具与方法,更好地服务于企业的战略决策与业务运营。这一调整不仅涉及对财务部门传统职能的重新审视与定位,更包括对财务部门未来发展方向的规划与布局。

在调整职责范围的过程中,企业应当充分认识到财务人员作为关键资源的重要性并致力于提升他们的专业技能与综合素质。为此,企业应提供全面而丰富的培训资源,包括但不限于在线课程、研讨会、工作坊等多种形式的学习机会。这些培训资源应紧密围绕数字化工具与方法,旨在帮助财务人员掌握最新的财务管理软件、数据分析技术、人工智能应用等前沿知识,以便他们能够更加高效、准确地处理财务数据,为企业的战略决策提供有力支持。同时,企业应为财务部门提供必要的技术支撑,确保其在工作中能够顺畅地运用各种数字化工具,包括升级现有的IT基础设施、引入先进的财务管理系统、构建安全稳定的数据中心等举措。通过这些技术支撑措施,企业可以为财务部门创造一个更加便捷、高效的工作环境,使他们更加专注于财务分析与决策支持等核心工作。

(二)进行岗位优化与人员配置

引入新技术是企业顺应时代潮流、加速财务数字化转型与业财融合创新的关键举措。在当前的数字化时代，大数据、人工智能、区块链等前沿技术正以前所未有的速度改变着各行各业的运作模式，财务管理领域也不例外。

企业应深入评估现有人力资源结构，依据数字化转型的需求进行岗位优化与人员配置调整。

首先，企业应紧密围绕数字化转型的战略目标和实际需求，对岗位设置进行科学合理的优化，包括明确各岗位在数字化转型过程中的角色定位与职责范围，确保每个岗位都能为企业的数字化转型贡献力量。同时，企业需关注岗位之间的协同与配合，打破部门壁垒，促进跨部门的沟通与协作，以形成推动数字化转型的强大合力。

其次，企业应遵循"人岗相适、人尽其才"的原则，根据岗位需求与员工能力特点进行精准匹配。一方面，企业应积极引进具备数字化技能与经验的专业人才，为企业的数字化转型注入新鲜血液；另一方面，企业也需加强对现有员工的培训与发展，提升他们的数字化素养与专业能力，使他们能够更好地适应数字化转型带来的挑战与机遇。

最后，企业应建立健全的人才激励机制，通过薪酬、晋升、荣誉等多种方式激发员工的积极性与创造力，鼓励他们在数字化转型中发挥更大的作用。同时，企业需关注员工的职业发展路径与规划，为他们提供广阔的职业发展空间与成长机会，以吸引和留住优秀人才。

此外，企业还应积极通过引进具备数字化技能的人才，加强内部培训与发展计划，确保业财团队具备推动数字化转型所需的综合能力与素质。同时，应建立跨部门协作机制，强化业财部门与其他业务单元之间的沟通与协作，共同推动数字化转型项目的顺利实施。通过信息共享、流程协同等方式，打破部门壁垒，促进资源的高效整合与利用。

五、推动技术创新与应用

（一）积极引入新技术

企业需保持敏锐的市场洞察力，紧跟技术发展步伐，积极拥抱并引入大数据、人工智能、区块链等新技术。

大数据技术的应用使企业能够收集、存储、处理海量数据，从中挖掘出有价值的信息，为财务决策提供有力支持。

人工智能通过机器学习、自然语言处理等技术，实现财务流程的自动化与智能化，如智能审核、智能预测等，极大地提高了工作效率与准确性。

区块链技术的去中心化、不可篡改特性为财务数据的安全性与透明度提供了强有力的保障，有助于构建更加可信的财务生态系统。

（二）建设智能化平台

为了充分发挥新技术在财务管理中的潜力，企业应着手建设智能化财务管理平台。

智能化财务管理平台须具备强大的数据处理与分析能力，以便能够实时接入并整合来自不同系统的财务数据，形成全面的数据视图。通过运用先进的数据挖掘与算法模型，平台能够实现财务数据的智能分析，帮助企业洞察市场趋势、评估业务绩效、预测未来走势。同时，平台应提供便捷的决策支持工具，如可视化报表、仪表盘等，使管理层能够直观了解企业财务状况，快速做出精准决策。

此外，智能化财务管理平台还应注重用户体验与互动性，提供个性化的操作界面与灵活的权限设置，满足不同用户的使用需求。通过持续迭代与优化，可以推动企业财务管理的全面升级与转型。

六、强化业财融合风险管理

强化风险管理需要企业在风险识别与评估、风险应对以及内部控制三个方面持续发力。

（一）风险识别与评估

首先，企业应建立全面的风险管理体系，这一体系应覆盖业务运营的各个环节以及财务管理的各项活动。

其次，通过设立专门的风险管理部门或团队，运用科学的方法和工具，如风险矩阵、情景分析等，对潜在的风险因素进行细致的排查和深入的剖析，包括对市场风险、信用风险、操作风险、财务风险等多种类型风险的识别，以及评估这些风险对企业经营目标实现的影响程度和发生概率。

最后，通过定期的风险评估会议和报告制度，确保管理层能够及时了解风险状况，为制定有效的应对策略提供依据。

（二）风险应对

在风险识别与评估的基础上，企业应制定针对性强、可操作性高的风险应对策略和措施。

在深入推动业财融合的过程中，企业需构建一套完善的风险识别与评估体系，这一体系应能够全面覆盖财务与业务融合的各个环节，确保潜在风险无所遁形。基于这一体系所揭示的风险图谱，企业应积极制定一系列针对性强且在实际操作中易于执行的风险应对策略与措施。

1.积极应对风险

针对那些被识别为高风险的领域，企业需采取更为积极主动的风险管理策略。具体而言，企业可以考虑对现有的财务和业务模式进行适应性调整，以更好地适应市场变化与内部需求，从而降低因模式不匹配而引发的风险。

同时，优化流程设计是降低风险的重要手段，通过简化流程、明确职责、强化协同等方式，可以有效减少操作失误与沟通障碍，进而降低风险发生的概率。此外，加强内部控制也是不可或缺的一环，企业应建立健全的内部控制体系，确保各项业务流程的规范性与合规性，为企业的稳健运营提供有力保障。

2.迅速响应风险事件

对于已经发生的风险事件，企业应迅速响应，立即启动应急预案。应急预案的制定应充分考虑各种可能的风险场景与应对措施，确保在风险发生时能够迅速、有效地进行处置。在应对过程中，企业应注重信息的及时传递与共享，确保相关部门与人员能够迅速了解风险状况并协同作战。同时，企业需采取有效措施控制风险的进一步扩散，防止事态恶化。在减轻损失方面，企业应积极寻求外部支持与帮助，如与保险公司合作进行损失理赔等，以最大限度地降低风险事件对企业的影响。

3.构建风险预警机制

为了进一步增强企业在业财融合过程中的风险管理能力，企业应积极构建一套高效的风险预警机制。这一机制的核心在于实现风险的早发现、早预警，以便企业能够有足够的时间来制定和实施相应的风险应对策略，从而有效避免或减轻潜在风险带来的负面影响。

为了实现这一目标，企业首先需要利用现代信息技术手段，如大数据、人工智能等，建立全面的实时监控体系。这一体系应能够覆盖企业业财融合的各个环节，包括但不限于业务流程、财务数据、市场环境等，确保任何异常或潜在风险都能被及时发现。同时，企业需配备专业的数据分析团队，运用先进的数据分析工具和方法，对收集到的海量数据进行深入挖掘和分析，以揭示数据背后的规律和趋势，从而提前发现潜在的风险点。

在发现潜在风险后，企业的风险预警机制应立即启动响应流程。一方面，系统应自动向相关部门和人员发送预警信息，提醒他们关注风险动态并采取必要的预防措施；另一方面，企业还需组织跨部门的风险评估会议，对潜在风险进行全面、深入的评估，以确定其性质、影响范围及可能带来的后果。在此基础上，企业可以迅速制订风险应对计划，并明确各部门的职责与任务，确保风险应对措施的有效执行。

通过建立业财融合的风险预警机制，企业不仅能够在风险发生前提前发现并控制风险，还能在风险应对过程中更加从容不迫、有条不紊。这有助于企业更好地应对复杂多变的市场环境，保障企业的稳健运营和可持续发展。

（三）内部控制

内部控制作为强化风险管理不可或缺的基石，其建立健全对于企业的稳健运营与可持续发展具有深远意义。企业应致力于构建一个全面、系统、有效的内部控制体系，该体系需明确界定各部门、各岗位的职责权限，确保职责清晰、分工合理，避免职责交叉与权限冲突。同时，通过制定详细的操作规范与流程，可以引导员工在日常工作中遵循既定的规章制度，减少人为失误与违规操作的风险。更为重要的是，内部控制机制应强调相互制约与相互监督的原则。通过设立独立的内部审计部门或岗位，对企业内部各项经济活动进行定期或不定期的审查与评估，确保内部控制制度的执行效果。此外，应鼓励员工之间建立相互监督的良性关系，形成"人人都是监督者，人人都是被监督者"的良好氛围，共同维护企业内部控制的有效性。

具体来说，企业在推进业财融合的过程中，必须将确保财务数据的真实性与完整性视为基石，并贯穿于数据采集、精细处理到最终报告的每一个环节。首先，企业应建立高效的数据采集系统，利用自动化工具减少人为干预，确保源头数据的准确无误。其次，引入先进的数据清洗与校验技术，对采集到的数据进行严格的质量把控，剔除错误与异常值，保障后续分析的可靠性。

在数据处理阶段，企业应遵循标准化、规范化的操作流程，确保数据的加工与转换过程透明可追溯。可以通过引入先进的算法与模型，对数据进行深度挖掘与分析，提炼出有价值的信息与洞察，为企业的决策提供有力支持。此外，企业还应注重数据的保密性与安全性，采用加密技术、访问控制等手段，防止数据泄露与非法访问。

在财务报告环节，企业应确保报告的编制符合相关法律法规与会计准则的要求，内容全面、准确、清晰。建立多层次的审核机制，对报告进行反复校验与核对，确保无误后再行发布。同时，要鼓励外部审计机构的参与，对财务报告进行独立审查，进一步提升报告的公信力与透明度。

为了防范舞弊与欺诈行为的发生，企业应实施严格的财务审批制度，明确各级审批权限与责任，确保每一笔财务交易都经过适当的审批流程。应建立独立的内部审计机构，赋予其足够的独立性与权威性，对企业的财务活动进行全面、深入的审计监督。同时，应采用先进的财务管理软件，通过技术手段提升财务管理的自动化与智能化水平，减少人为操作的空间与机会。

此外，企业还应将风险意识与职业道德教育纳入员工培训体系之中，通过定期的培训与宣导活动，增强员工的风险识别能力与职业道德素养。应鼓励员工积极参与风险管理活动，提出建设性意见与建议，形成全员参与、共担风险的企业文化氛围。通过这些措施的实施，企业能够构建起一道坚固的风险防线，为业财融合的顺利推进提供有力保障。

第七章

数字化转型背景下的财务智能化发展

随着智能时代的来临,它不仅重塑了财务机构、财务专业人士的观念以及财务信息技术,更关键的是,它还颠覆了财务的基本逻辑。这种逻辑层面的变革才是根本性的转变。在智能时代,当人们在探索应该采取哪些行动前,不妨一同思考智能时代的新逻辑和数字化转型背景下的财务智能化发展路径与前景。

第一节

智能化的内涵与机制分析

一、智能化、人工智能与商务智能

（一）智能化

智能化是跨世纪的新实践，至今尚未形成统一定义。调研数据显示，谷歌的CNKI数据库已收录数十种智能化定义。人们普遍将其视为一种数据处理技术。"化"在汉语中意味着融合、扩展和演变，智能化便是智能应用范围的扩展和水平提升，是人类不断使产品、工具、工作方式变得更"聪明"的历程。广义上，智能化是人类从动物界分化并持续进化的历程，包括直立行走、用火、语言形成、工具使用等。[①]

可以说，在当今时代，我们所讨论的智能化不只是一个技术现象，它已经演变成一种深刻的时代特征，标志着人类社会进入了一个由人工智能驱动的新阶段。这个时代概念的核心在于人工智能的广泛应用和不断进步，它正在重新定义人们生活和工作的方方面面。智能化是一个动态的、持续进化的过程。随着技术的进步和应用的不断深入，新的智能化形式和应用场景不断涌现。这种进化不仅体现在技术层面，也体现在人们对智能化的理解和应用方式上。

---

① 韩军喜，吴复晓，赫丛喜.智能化财务管理与经济发展[M].长春：吉林人民出版社，2021：113-114.

总结而言，智能化的物质体现、目的及本质如图7-1所示。

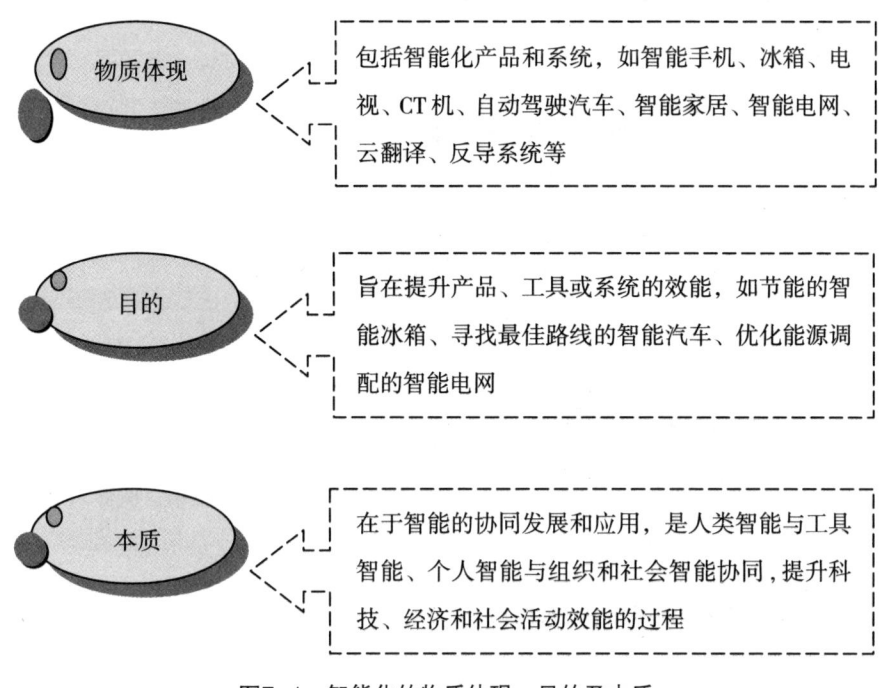

物质体现 —— 包括智能化产品和系统，如智能手机、冰箱、电视、CT机、自动驾驶汽车、智能家居、智能电网、云翻译、反导系统等

目的 —— 旨在提升产品、工具或系统的效能，如节能的智能冰箱、寻找最佳路线的智能汽车、优化能源调配的智能电网

本质 —— 在于智能的协同发展和应用，是人类智能与工具智能、个人智能与组织和社会智能协同，提升科技、经济和社会活动效能的过程

图7-1 智能化的物质体现、目的及本质

简言之，智能化是发挥人类智能和工具智能优势的过程。人类智能是智能发展之源，工具智能虽在某些方面无法取代人类，但在分析计算上可超越人类。

（二）人工智能

人工智能源于人类的不断进步和发展，它是人类智慧和文明的结晶。人工智能是研究如何使用计算机或其他电子设备模拟某些人类思维过程和智能行为的学科。简言之，人工智能是计算机系统的理论和应用，它是开发人工构建的人类意识和思维模式，可以取代人类完成一些工作。[1]

---

[1] 尼克. 人工智能简史[M]. 北京：人民邮电出版社，2017：66.

人工智能领域的研究极为专业，每个子领域都极为深入且具有独特性，其覆盖的领域广泛而多元。人工智能的研究内容如图7-2所示。

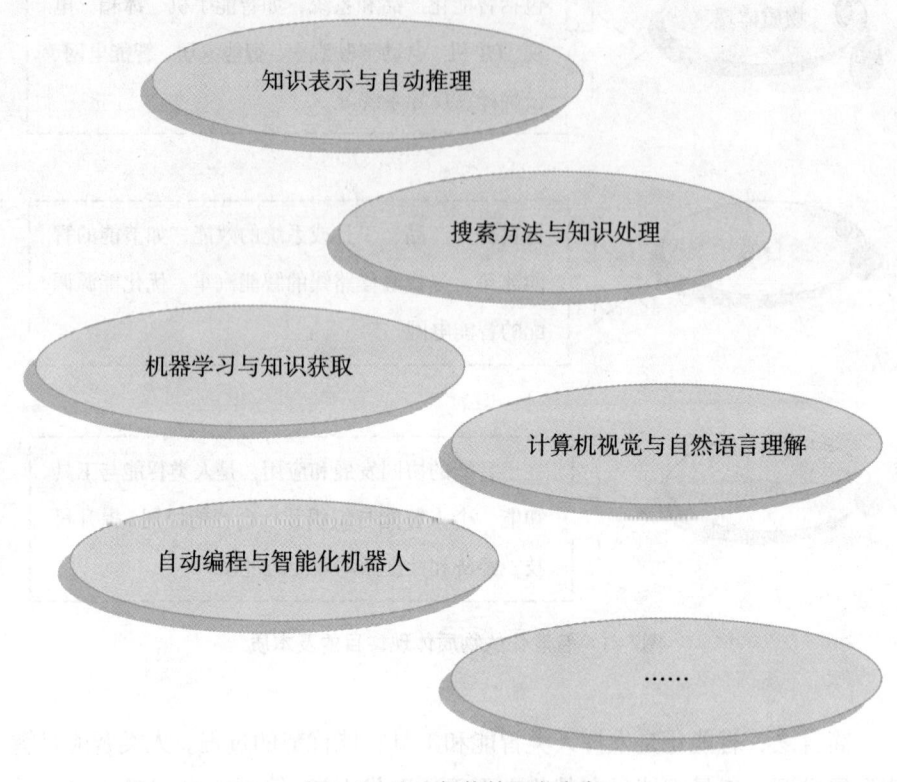

- 知识表示与自动推理
- 搜索方法与知识处理
- 机器学习与知识获取
- 计算机视觉与自然语言理解
- 自动编程与智能化机器人
- ……

图7-2 人工智能的研究内容

（三）商务智能

商务智能（Business Intelligence，BI）由霍华德·德雷斯纳（Howard Dresner）在1989年首次提出，定义为一系列基于事实支持的商业决策技术和方法。它是一个综合应用，包括数据库技术、数据仓库、数据集市、数据整合、查询报告工具、在线分析处理（OLAP）和数据挖掘等内容，旨在通过分析结构化和非结构化数据来提升企业的决策质量和业务绩效。[①]

商务智能的核心是数据仓库、联机分析、数据挖掘和数据可视化技术，它们共同作用于从多源数据中提取、清洗、转换数据，并将其存储于数据仓库中。通过这些技术，企业能够透视历史数据，发现潜在规律，并以图形化的方式直观展示数据，帮助用户更好地理解并应用分析结果。

商务智能的数据来源广泛，包括ERP、CRM、SCM等交易系统以及市场调研等外部数据。它处理的数据类型既有表格形式的结构化数据，也有非结构化数据，如文档和报告。商务智能的最终目标是通过积累商务知识和见解，辅助企业做出更明智的决策，以提高组织和个人的绩效。

二、智能化机制分析

智能化显著提升了产品、工具和工作系统的性能，增强了劳动生产率，因此人们致力于加速智能化的发展。为此，必须深入研究智能化的运作机制。智能化的运作机制涉及以下方面：个人智能培养、知识系统管理、社会智能协同作用、智能工具运用、人机交互协同。

（一）个人智能培养机制

尽管智能化包含组织智能、社会智能和工具智能，但其核心仍基于个人智能。通过学习、实践等手段，人们能够增强自己的思维力和创造力。

教育培训是提升个人智能的直接途径。以谷歌企业为例，其推行的"谷歌教育"项目，通过提供在线课程和内部研讨会，鼓励员工学习新技能和探索新领域。这种持续的学习和成长文化增强了员工的专业能力，促进了企业内部的创新氛围。谷歌的员工因此能不断提出新颖的想法和解决方案，为企业的持续发展和保持行业领导地位做出重要贡献。

[①] 王雁滨，苏巧，陈晓丽.财务管理智能化与内部审计[M].汕头：汕头大学出版社，2021：5.

（二）知识系统管理机制

知识管理机制是组织智能构建的核心环节。它涉及将个体所掌握的隐性知识——那些难以言传的个人经验、技能和洞察——转化为可编码、可传播的显性知识。这种转化促进了知识的广泛流通，加强了知识的系统化和结构化，为组织内部的集体智慧奠定了基础。

从历史的长河来看，统一的语言和文字的出现极大地促进了知识的传播和积累。教育的普及和通信技术的发展，如古代的造纸术和印刷术，都极大地促进了人类知识的传承和文明的进步，丰富了人类的知识库，推动了科技的创新和社会生产力的飞跃。

在现代社会，互联网的普及和发展更是为知识的管理和共享提供了前所未有的平台。数字技术的应用使知识的传播速度和范围达到了空前的水平。人们可以通过网络课程、在线研讨会、虚拟图书馆等多种渠道快速获取和分享知识，加速个人能力的提升，为组织带来了更高效的决策支持和问题解决能力。

（三）社会智能协同机制

现代社会的分工与协作达到了前所未有的高度。在智能化产品的开发、智能化工具的设计以及智能化系统的构建过程中，通常需要集合来自社会不同领域的专业力量。以亚马逊的Kindle电子书阅读器和其电子书商店为例，亚马逊将出版商、作者、软件开发者、硬件制造商以及内容创作者等多方资源整合起来，为读者提供了一个庞大的数字阅读平台。这个平台不仅包括传统出版物的电子版，还涵盖了独立作者的原创作品、有声读物、杂志和期刊等多种形式的内容，可以满足不同读者群体的多样化阅读需求。亚马逊Kindle的成功展示了在现代社会中通过跨领域的合作如何将创意和技术融合，从而创造出全新的消费体验和服务模式。

云计算、云存储和云安全的兴起标志着社会智能正朝着更深层次的专业化和社会化分工演进。这些技术的广泛应用打破了地理界限，使资源得以在全球范围内得到更合理的分配和更高效的使用。它们推动了跨学科、跨行业的协作创新，为智能化的快速发展提供了动力。

通过这种跨界合作和资源整合，社会智能协同机制不仅加速了技术创新的步伐，还为社会的全面进步带来了新的生机。它体现了在现代社会中，不同领域和专业如何通过紧密合作，共同推动社会向前发展，实现更加智能和高效的工作方式。

（四）智能的工具化机制

智能化是将人类智能具体化、实体化的过程，它体现了人类智慧在产品、工具和工作系统中的外化和物质化。通过将人类智能嵌入这些系统中，如利用专家系统，人们能够显著提升其工作效能。计算机不受生理和心理限制，其在信息处理、计算和存储方面的能力远超人类，且不受情绪影响，因此能够展现出卓越的智能水平。

采用最新软件技术，模仿人脑神经网络结构，基于大规模并行分布式网络构建的人工智能计算机，具备了声音识别、联想记忆、学习能力等高级功能。例如，IBM的"深蓝"计算机通过复杂的算法和强大的计算能力在1997年战胜了国际象棋世界冠军加里·卡斯帕罗夫，这一事件标志着人工智能在特定领域超越了人类智能。此外，智能计算机在医疗诊断、股市分析、语言翻译等多个领域也展现出了卓越的性能和潜力。

未来学家和科技思想家雷·库兹韦尔曾提出一个著名的预测，即"奇点"理论，他预言在21世纪的某个时点，人工智能的发展速度将达到一个临界点，届时机器智能将超越人类智能，引发一系列深远的社会变革。这种前瞻性的思考提醒人们，在推动智能化发展的同时需要考虑其长远的社会影响和伦理问题。

（五）人机协同机制

人机协同作为智能化时代的核心特征，深刻地重塑了人类工作与生活的每一个角落。它代表了技术进步的高度，是人类智慧与机器能力深度融合、相互成就的典范。在这一模式下，人类与智能工具不再是简单的使用与被使用的关系，而是发展成为一种高度互补、协同共进的伙伴关系。这种协同提升了工作效率，激发了前所未有的创造力与可能性，推动着社会各个领域向更加智能化、高效化的方向迈进。

人机协同的核心理念在于"协同"二字，它强调的是双方能力的最大化利用与相互增强。人类以其独特的创造力、直觉判断、情感理解等优势，在策略规划、创新设计、复杂决策等方面发挥着不可替代的作用。计算机等智能工具以其强大的数据处理能力、精确的计算速度、持续的工作耐力等优势，在人类无法企及或效率较低的领域大放异彩。通过双方的紧密合作，实现了能力的跨越式提升，解决了许多单一方难以解决的难题。

以专家系统的开发为例，这一过程充分展示了人机协同的复杂性与高效性。专家系统作为人工智能领域的一个重要分支，旨在模拟某一领域专家的知识与经验，以解决该领域内的复杂问题。其开发过程实际上就是一个高度专业化、多角色协同的过程。

（1）领域专家的贡献。领域专家是专家系统开发的灵魂人物，他们拥有丰富的理论知识和实践经验，能够为系统提供准确、全面的领域知识。这些知识是构建专家系统知识库的基础，也是系统能够进行准确推理和决策的关键。领域专家与知识工程师的紧密合作，确保了系统能够真正反映专家级别的专业水平。

（2）知识工程师与系统设计。知识工程师是连接领域专家与计算机技术的桥梁。他们负责将领域专家的知识转化为计算机可理解的形式，设计合理的知识表示方法和推理机制。在系统设计阶段，知识工程师需要综合考虑系统的功能性、易用性、可扩展性等多方面因素，确保系统能够满足实际需求并具备长期发展的潜力。

（3）程序员的代码实现。程序员是将系统设计方案转化为实际产品的关键角色。他们利用编程语言，将知识库、推理引擎、用户界面等组件编写成可执行的代码。在编写过程中，程序员需要充分理解系统需求，确保代码的正确性、高效性和可维护性。同时，他们需要与知识工程师密切沟通，解决技术实现上的难题。

（4）项目经理的整体协调。项目经理是整个开发团队的指挥官，负责项目的整体规划、进度控制、资源配置和风险管理。他们需要确保团队成员之间的有效沟通与合作，及时发现并解决项目推进过程中出现的问题。在专家系统的开发过程中，项目经理的作用尤为重要，因为他们需要协调好各个角色之间的关系，确保项目能够按照既定目标顺利推进。

（5）计算机组件的支持作用。专家系统的开发还离不开计算机组件的支持。外部接口使系统能够与其他系统或设备进行数据交换，编码器负责将人类语言转化为计算机可识别的形式，测试工具用于验证系统的正确性和可靠性，输入输出设备则为用户提供了与系统交互的窗口。这些组件共同构成了一个完整的专家系统开发环境，为系统的成功开发提供了坚实的基础。

通过这种人机协作模式，智能化系统得以不断进化，更好地服务于人类的需求。

第二节 智能时代的财务转型

在财务领域，人工智能技术致力于模拟人类的财务操作和决策过程，其在业务收入预测、风险管理与控制、反欺诈分析以及税务规划等方面也展现出了广阔的应用前景。总体而言，智能时代的财务转型是一个复杂而多维的过程，涉及技术、流程、人员和文化的全面革新。

一、财务人工智能概述

（一）财务人工智能的应用领域

财务人工智能的应用领域涵盖专家系统、模式识别、资源规划与配置、智能财务管理信息共享系统和人工神经网络模型等关键方面。

1.专家系统

专家系统是具备高度专业知识和理解能力的程序，能够模拟领域内资深专家的决策过程。这些系统基于丰富的信息库和高效的反应机制，快速处理特定领域的问题。财务专家系统通过整合经验、数据和知识，辅助专家进行财务管理，包括问题分析、数据诊断和原理验证。它们通过简化复杂问题，提供从抽象到具体的解决方案，增强财务决策的可信度。专家系统还能优化财务预算和控制，确保财务数据的清晰性和财务管理的全面性，使财务操作更加高效和易于管理。

2.模式识别

模式识别技术涉及对不同来源的数据进行综合分析，以识别、分类和解释事物或现象。它采用多种方法，包括传统的结构法和决策论方法，以及新兴的基于大数据的多元图形基元识别和粗糙集方法。在财务领域，模式识别的应用广泛，能够有效识别财务目标和环境，分析金融危机对企业财务的影响，并提出应对策略。它还能识别企业财务运营机制，分析财务主体行为对管理目标的影响以及在现金管理和风险规避方面识别潜在问题，并建立预防模型，以保障企业财务安全。

3.智能财务管理信息共享系统

该系统通过Web网站提供实时的远程财务信息查询，从而降低企业成本，提高财务管理的便捷性和效率。它通过整合企业ERP财务信息，可以实现信息的快速处理和共享。

4.人工神经网络模型

人工神经网络模型是通过模拟人脑神经系统的大量处理单元和网络链接构建的,它们通过学习过程不断更新知识库和推理机制。这些模型在多个领域发挥作用,特别是在优化决策、预测分析、数据分类和函数逼近等方面。在财务领域,人工神经网络被用于预测和预警企业财务风险、诊断财务问题、规划和管理财务活动、评估税务和财务质量、分析风险投资、监测股市指数、进行资产投资规划和金融证券定价等。作为人工智能研究的重点,这些技术在经济和财务管理中的应用已经取得了显著成就,并受到了广泛关注。简言之,这些应用领域展示了人工智能技术在财务管理中的潜力和重要性,为提高决策质量和运营效率提供了强大的支持。

(二)财务智能化的架构特点

在构建财务智能化的信息化架构时,需要关注一些与传统财务信息化不同的关键点,这是因为财务智能化架构是根植于一系列先进智能技术上的。在构建这一信息化架构时,必须深思熟虑以下几个关键要素。

1.打造坚实的数据基础

数据是驱动大数据和人工智能技术核心的要素。在构建智能化的财务信息化架构时,首要任务是建立一个稳固的数据层,这与传统的数据后台管理有所区别。该数据层需要同时处理结构化和非结构化数据。

对于结构化数据,关键在于实施数据标签化,即创建一个标签字典,对系统中每个业务相关的字段进行标准化定义,并在交易发生时,将所有相关标签及其值记录在数据层。

对于非结构化数据,需利用大数据技术进行有效管理和存储,并需要根据具体应用场景尽可能收集广泛的数据。

在确立了包含标签化结构化数据和非结构化数据的数据基础后,无论是自动化规则处理还是基于机器学习的智能应用开发都将拥有坚实的基础,这标志着财务信息化向智能化转型的重要一步。

2.打造智能技术核心

确立了数据基础之后，财务信息化平台的智能化升级还需依赖多款关键技术引擎，依次是图像文字识别（OCR）引擎、规则引擎、流程引擎、机器学习引擎、分布式账簿引擎。

第一，图像文字识别（OCR）引擎的进化：鉴于现代财务管理中广泛存在的纸质文件，如发票、合同等，作为承载关键财务信息的重要载体，图像文字识别（OCR）技术成了连接物理世界与数字世界的桥梁。传统的OCR技术在面对复杂多变、格式不一的文档时，往往面临识别准确率的瓶颈。然而，随着深度学习技术的深度融合，新一代的OCR引擎展现出了前所未有的性能飞跃。利用深度学习算法，这些引擎能够自动学习并适应各种文档布局、字体样式及手写笔迹，从而显著提升识别效率和准确度，确保财务信息的快速、精准提取，为后续的财务处理与分析奠定坚实基础。

第二，规则引擎的智能化转型：规则引擎作为自动化业务审核与控制的关键组件，其核心在于将复杂的业务逻辑以标签化元素和特定语法封装成可复用的规则包。这一技术实现方式虽直观高效，但其效能的充分发挥依赖于精确的标签定义、详尽的规则梳理以及有效的规则管理策略。随着技术的不断进步，规则引擎正逐步向智能化方向迈进，通过引入自然语言处理（NLP）等先进技术，使业务规则的制定、维护与优化更加便捷，进一步提升了自动化审核的灵活性和准确性。

第三，流程引擎的智能化升级：在财务智能化转型的浪潮中，流程引擎作为驱动业务自动化运转的核心动力，其灵活性和可扩展性成为衡量其性能的重要标准。现代流程引擎通过深度融合机器学习技术，实现了对业务流程的动态调整与智能优化。它能够根据任务性质、资源状态及历史数据，自动调整任务分配策略，实现更高效的任务流转与智能派工。这一转变提升了财务处理的效率与响应速度，为企业带来了更加灵活多变的业务流程管理能力。

第四，机器学习引擎的核心驱动：作为人工智能领域的核心力量，机器学习引擎在财务信息化向智能化演进的道路上扮演着至关重要的角色。该引擎封装了包括监督学习、无监督学习、强化学习在内的多种先进算法，通过深入分析历史财务数据，自动学习并发现潜在的规律与模式，从而辅助或替代人工进行复杂的财务决策。这一过程降低了人为错误的风险，极大地提高了决策的速度与精准度,为企业的财务管理带来了前所未有的智能化体验。

第五,分布式账簿引擎——区块链技术在财务领域的创新应用:分布式账簿引擎作为区块链技术在财务领域的具体体现,其核心价值在于通过建立一个去中心化、不可篡改的统一账簿系统,实现交易的即时记录与验证。这一技术特性为复杂业务场景下的财务核对提供了强有力的技术支撑。它不仅简化了财务对账流程,降低了欺诈与错误的风险,还促进了不同机构之间的信任与合作,为构建更加透明、高效的财务生态系统奠定了坚实的基础。

在坚实的数据基础和这些技术引擎的驱动下,财务信息化架构得以从自动化向智能化转型,实现更高级的智能财务操作。

二、人工智能技术对财务管理转型的推动

(一)RPA技术对财务管理转型的推动

1.RPA技术的概念及特点

机器人流程自动化(Robotic Process Automation,RPA)是一种利用软件机器人模拟人工智能的计算机脚本技术。它通过自动化用户界面(UI)上的操作,实现重复性任务的自动化,从而释放人力资源,提高工作效率。RPA软件工具具备跨平台和多功能的特性,能够无缝连接企业内外部的信息系统,简化数据集成流程,提升用户体验。

RPA技术的核心优势见表7-1。

表7-1 RPA技术的核心优势

核心优势	具体阐述
持续运作能力	RPA能够实现全天候24小时的不间断操作,显著提升财务管理的效率
规则驱动	RPA依赖于基于明确规则编写的脚本,确保其稳定和持续地执行
非侵入性	作为一种外挂工具,RPA在现有系统之外运行,不会对企业现有架构造成影响
高仿真性	RPA能够模仿人类的操作方式,执行任务,使自动化过程更加自然和无缝

RPA技术通过模拟员工的日常操作，处理大量重复且规则明确的基础工作，有效提升了财务管理的自动化水平和数据集成的便捷性。

2.RPA财务机器人的概念及功能特点

财务机器人是RPA技术在财务领域中的具体应用，它能够模拟会计人员的工作流程，实现自动化操作。RPA财务机器人适合执行那些工作量巨大、规则明确、重复性高的财务基础任务。可以将RPA财务机器人视为财务部门的虚拟助手，它在特定的流程节点上自动执行传统上由人工完成的重复性工作。[①]RPA财务机器人的功能特点如图7-3所示。

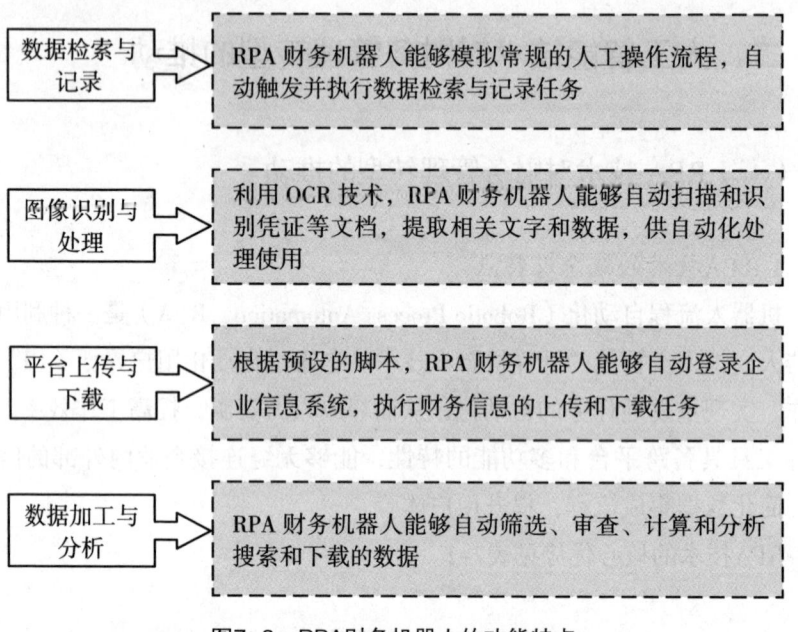

数据检索与记录	RPA财务机器人能够模拟常规的人工操作流程，自动触发并执行数据检索与记录任务
图像识别与处理	利用OCR技术，RPA财务机器人能够自动扫描和识别凭证等文档，提取相关文字和数据，供自动化处理使用
平台上传与下载	根据预设的脚本，RPA财务机器人能够自动登录企业信息系统，执行财务信息的上传和下载任务
数据加工与分析	RPA财务机器人能够自动筛选、审查、计算和分析搜索和下载的数据

图7-3　RPA财务机器人的功能特点

RPA财务机器人的技术特点使其特别擅长处理以下类型的任务。

（1）重复性简单操作，如数据检索、下载、录入和审查。

（2）大量且容易出错的业务，如报销票据审核、发票验证和对账等。

---

① 韩军喜，吴复晓，赫丛喜.智能化财务管理与经济发展[M].长春：吉林人民出版社，2021：118.

（3）能够在不改变现有系统架构的情况下处理多个异构系统。

（4）支持7×24小时的工作模式，克服了人工操作的时间和精力限制，满足企业全天候业务需求。

RPA财务机器人的这些特点使其成为提高财务工作效率和准确性的工具。

（二）OCR技术对财务管理转型的推动

1.OCR技术的概念

OCR技术即光学字符识别技术，是一种将印刷文字通过扫描等光学输入手段转换为图像信息，再通过文字识别技术转化为计算机可读文本的技术。这项技术广泛应用于银行票据处理、文档资料数字化、档案管理和文案录入等领域，尤其适合于金融、税务等行业，这些领域需要处理大量票据和表格，并实现长期存储。

OCR技术的评估标准通常包括最终识别率、识别速度、版面理解的正确率以及版面还原的满足度。对于表格和票据，评估标准则侧重于识别率或整张通过率以及识别速度。OCR技术的核心挑战在于提高识别的准确性，减少错误，促进了ICR（智能字符识别）技术的发展。OCR技术的应用形式多样，取决于文字资料的介质和获取方式。

OCR技术是一种不断追求高准确率的技术研究领域，其识别正确率似乎总是无限接近但无法完全达到100%，因为多种因素，如书写习惯、文件印刷质量、扫描仪性能、识别算法、学习与测试样本等都会对其准确性产生影响。一款优秀的OCR产品不仅要有强大的识别核心，还需要具备用户友好的操作界面、有效的错误纠正功能和方法。

OCR识别系统的目标是简化影像转换过程，将影像资料转换为计算机文字，从而减少存储需求，提高文字的可重用性和可分析性，同时节省手动输入的人力和时间。尽管OCR技术永远在追求更高的准确率，但其在提高工作效率和资料管理方面已经发挥了重要作用。

2.财务领域OCR技术的应用

目前，在财务领域，OCR技术的应用主要分成两大模块，如表7-2所示。

表7-2 财务领域OCR技术应用的两大模块

两大模块		模块化应用描述
识别确认模块	基础工作	定义 OCR 识别引擎模板
	模板定义	根据位置和识别区域确定转换内容，功能在于自动定位并校正影像区域中的识别内容
	功能与识别项	自动定位并校正影像区域中的识别内容，识别项包括发票代码、发票号码、日期、金额等
	结果	形成结构化数据，用于认证和记账流程
记账应用模块	应用场景	财务共享中心
	功能与优势	利用 OCR 结果提升记账信息集成度，提升核算记账效率和质量
	流程	根据 OCR 结果预录入税行信息
	自动化	生成"应交税费—增值税"等项目并录入税额、税码

第三节

财务管理智能化的应用实践

一、智能时代财务管理的新逻辑

（一）财务管理技术的新逻辑

财务管理技术是企业运营的骨架。高效的管理技术能够激发企业的活力，注入创新的源泉。随着财务管理技术逻辑的演进，人们得以拓展至更广阔的技术领域，掌握更前沿、更高效的工具。以下从数据、计算、记录、流程、互联五个维度来洞察财务管理的新逻辑。

1.数据：从"小数据"到"大数据"

传统财务分析依赖于结构化数据，即"小数据"，这是人们熟悉的领域。然而，在智能时代，人们不仅要继续精进"小数据"的处理能力，更要重视"大数据"的潜力。"大数据"技术让人们能够处理海量的非结构化数据，打破传统思维的桎梏，开拓新的视角和机遇，这是智能时代下数据管理的新逻辑。[①]

2.计算：云端替代本地

传统计算多依赖本地部署，提供灵活的定制服务，但随着数据量的激增，本地模式面临运维成本高和资源占用大的问题。在智能时代，云计算以其弹性和高效，成为数据处理的首选，无论是公有云、私有云还是混合云，云计算成为新趋势。

3.记录：分布式账本

传统财务记录集中于单一中心，虽节省资源，但安全性和一致性不足。区块链技术的出现使财务记录转向分布式账本，提高了数据的安全性和一致性，尽管会带来数据冗余，但技术进步已有效解决这一问题。

4.流程：敏捷化

传统财务流程追求稳健，牺牲了灵活性和响应速度。在智能时代，流程引擎的高效性使流程控制更加灵活，智能自动化的加入让流程调整更加敏捷，提升了客户满意度。

5.互联：物联与数联融合

传统财务侧重数字间的联系，智能时代则在此基础上融入物联网，实现

---

① 韩军喜，吴复晓，赫丛喜.智能化财务管理与经济发展[M].长春：吉林人民出版社，2021：129.

了实物流动的数字化，拓展了管理视角，如物流成本管理等，物联与数联的结合为财务管理带来新的维度。

（二）财务管理实践的新逻辑

财务管理实践是企业力量的延伸。随着智能时代的到来，人们通过引入新的视角和方法，对现有实践进行革新和优化。表7-3展示了智能时代下财务管理实践的七个关键转变点。

表7-3　财务管理实践的七个关键转变点

关键转变点	具体阐述
绩效：从因果到相关	传统绩效管理关注因果关系，通过设定KPI及目标值监控执行。智能时代利用大数据分析，关注KPI的相关因素，直接进行管理干预，无须深究原因
预算：基于数据的精准配置	传统预算依赖经验，智能时代则通过大数据预测实现资源的精准配置，称为"数配"
管会：全维分析	传统管理会计受限于维度组合，智能时代技术的提升有望实现全维管理会计
控本：前置业务管理	成本管理从后置追踪转变为在业务过程中前置，利用专业前端业务系统与财务系统无缝对接
业财：融合统一会计引擎	业务和财务系统从分离走向融合，通过统一会计引擎实现多业务系统融合
共享：智能风控取代人工	财务共享服务从劳动密集型转向技术密集型，人工智能实现智能风控
财资：立体化管理	传统财资管理平面化，智能时代转向立体化，实现复杂司库模式和供应链金融的多维管理

（三）智能时代企业财务创新需要的生态环境

在智能时代，财务创新需融入企业整体战略，与企业文化、组织结构和技术发展相协调，形成支持创新的生态环境。其主要体现在以下四点：

第一，企业战略的一致性。财务创新需与企业战略同步，确保方向一致性，避免资源浪费，提高创新成功率。

第二，鼓励创新的文化氛围。要建立鼓励创新的企业文化，对财务创新的贡献者给予认可和奖励，激发员工的创新精神，即使物质奖励有限，精神上的鼓励和正面评价同样重要。

第三，组织模式创新。财务创新需要一个开放和灵活的组织结构，以打破传统部门间的壁垒，促进跨部门协作。

第四，试错文化的包容性。创新生态鼓励试错，将其视为学习和成长的机会。企业应建立一个允许失败、鼓励从错误中学习的环境，正如海尔所做的，通过创造一个允许多种尝试并存的环境来培育成功的创新。

二、智能化财务分析的实施及应用

（一）智能化财务分析的技术实现

智能化财务分析通过计算机技术，将企业实际数据与决策模型动态链接，摒弃了"其他条件不变"的假设，实现了分析模型与企业实际经营状况的同步变化。这种技术的应用使会计人员能够从手工分析中解放出来，由系统自动进行分析判断，生成包含图表的财务分析报告，从而实现快速、准确的决策。

智能化系统通过数据接口导入外部数据，存储于数据库供调用。用户选择分析指标和报告内容，驱动系统执行分析推理。系统利用知识库中的分析模型和经验，结合分析参数，生成分析结果，并根据用户定义生成定制化的分析报告。系统的主要智能化功能包括以下几方面：

（1）自动导入数据，生成财务分析报告。

（2）支持不同时间尺度的分析，如年度、季度等，并生成环比、基期比报告。

（3）提供自定义的分析指标和报告。

（4）快速生成图文并茂、格式可自定义的报告。

（5）允许用户对报告进行个性化编辑。

智能化财务分析是企业管理技术的重大突破，标志着财务从核算管理向管理核算的转变。其推广应用将极大提高财务分析的效率和准确性，为企业提供科学的决策依据，推动企业在工业化、信息化的基础上迈向智能化发展。

（二）智能化财务分析系统的应用

1.在企业中的应用

智能化财务分析系统服务于企业经营者、投资者、银行信贷管理、政府机构等，可以为其提供全面的财务分析支持。比如，国内目前已有上万家企业单位使用了由北京智泽华软件公司出品的《智能化财务分析系统》。[①]

智能化财务分析系统在企业中的应用及操作优势主要表现在以下几个方面：

（1）传统与现代对比明显。传统财务管理系统主要替代了简单机械操作，而对财务报告的专业分析仍依赖人工。智能化系统则允许多角度审视，提供定制化分析报告，提升工作效率，辅助企业管理和决策。

（2）数据处理便捷，报告生成迅速。系统直接从财务管理信息系统抽取数据，支持Excel导入，快速生成全面、准确的财务分析报告，分析涵盖收入、成本、利润等，并提供盈亏平衡点、资金状况预警等深入分析。

（3）用户可使用自定义功能，灵活性高。用户可根据需求自定义分析报告，系统自动调用关键财务指标，支持多角度市场和产品分析。用户可自由组合报告内容、表格样式，适应不同分析需求。

（4）系统架构科学，易用性高。智能化财务分析系统采用B/S架构，支持网络运行和数据共享，简化安装、实施和维护过程。系统界面友好，权限分配合理，支持在线操作和轻松升级。通过报告管理功能，用户可组合分析模板，生成并管理完整的财务报告。

---

① 韩军喜，吴复晓，赫丛喜.智能化财务管理与经济发展[M].长春：吉林人民出版社，2021：134.

2.在金融领域的应用

智能化财务分析系统在金融领域的应用主要体现在以下几个方面：

第一，银行信贷部门。智能财务分析系统在银行信贷部门的应用有效提升了工作效率和信贷资产质量。系统通过专业分析，减少了因信贷人员主观判断带来的误差，帮助识别潜在的不良贷款风险。目前，众多中国银行已采用此类系统，如北京智泽华软件公司的《智能化银行信贷风险预警系统》。

第二，投资者辅助。智能系统为投资者提供了深入分析上市企业财务状况的工具。它可以像显微镜和放大镜一样，揭示数字背后的规律，帮助投资者发现问题并激发进一步调查。通过智能服务网站，投资者可以快速获取中立的、由计算机根据专家知识生成的财务分析报告，这些报告具有特别的参考价值。

第三，系统提升。智能化财务分析不仅提升了财务管理系统的目标，还丰富了其功能，完善了系统结构，使系统更加面向管理决策。技术的应用，提高了会计模型的使用价值，使财务管理系统在性能上发生了根本性变化，增加了系统的"人性"特征。

三、财务决策支持系统智能化

（一）构建人工智能下的财务决策支持系统

1.新系统结构与功能

新系统由三个核心层组成：数据层、分析层和交互层。

第一，数据层。其负责数据的收集、清洗、挖掘和存储，可以利用自动传输和自然语言处理技术，整合内部和外部的多源数据，形成多维度的决策信息，存储于数据仓库中，为深度学习和财务决策提供数据基础。

第二，分析层。其可以进行财务分析、预测和决策，包含知识库、方法库、模型库及其管理系统以及人工智能分析系统。知识库存储财务知识，方法库存储分析方法，模型库存储分析模型，而人工智能分析系统接收财务决策目标，调用数据和模型进行分析，生成结果。

第三，交互层。其通过人机交互系统，使用语音识别和自然语言处理技术，使决策者能以自然语言与系统沟通，形成财务决策目标，并接收分析报告。

2.新系统信息化决策驱动机制

在新系统的信息化决策驱动机制中，大数据技术的应用解决了股东和高管面临的信息不对称和片面性问题，提供了全面、多维且准确的决策信息。系统通过互联网实时采集财务报表、市场动态、行业趋势等数据，经过清洗和挖掘，转化为有用的决策信息，存储于数据仓库中。

深度学习算法对这些信息进行分析，评估企业的偿债、盈利、经营和成长能力，生成更为精确的企业画像。结合财务分析方法，系统进一步构建了企业特征数据，为财务分析、预测和决策提供了坚实的基础。

此外，系统还能生成外部环境、资产和客户画像，为财务决策提供多角度的视野。当决策目标明确时，深度学习算法可以匹配各类画像，预测不同行动路径下的成果，辅助决策者选择最优路径。决策者可通过人机对话对系统输出的决策进行实时修正，优化决策模型，提升决策质量。

最终，系统支持输出通用或定制化的财务决策报告，标志着从海量数据到财务决策的转化完成。执行过程中产生的数据被重新收集，形成了数据到知识再到决策的闭环，促进了财务决策的持续优化。

3.新系统决策模型构建

新系统基于管理会计信息构建的大数据决策有用信息，支持筹资、投资、成本、股利分配及特殊财务决策。财务分析和预测模块可为各类决策提供数据支撑。

（1）筹资决策

系统可以通过财务分析生成企业、外部环境和筹资工具画像，提取偿债、发展、营运、盈利能力等信息，匹配深度学习算法预测筹资成本和时间，提出筹资方案。

（2）投资决策

系统以企业画像和外部环境为基础，定制拟投资项目画像，分析投资回报率和规模，匹配画像进行财务预测，生成投资决策报告。

（3）成本决策

系统利用企业画像进行数据钻取，揭示人力、生产、资金成本构成，定制供应商或分销商画像，匹配画像预测成本影响，形成成本决策。

（4）股利分配决策

系统可以结合股东画像和企业治理结构，考虑法律法规、税收政策和投资机会，平衡公司发展与股东权益，制定股利分配策略。

（5）特殊决策模型定制

对于非传统财务决策，系统可以通过深度学习算法推理所需画像，决策者可调整画像类别和分析方面，应用算法进行财务分析和预测，提出决策建议，并将结果存储供未来参考。

4.新系统工作原理

新系统的财务决策支持遵循从"决策有用信息"到"财务决策方法和模型"，最终形成"财务决策"的流程。

第一，信息获取。新系统可以全面收集各类信息，不设筛选，确保信息的全面性；可以利用自然语言处理技术，将非结构化数据转化为结构化数据，提取关键信息，挖掘数据间的关系，形成高质量的决策基础。

第二，方法和模型建立。深度学习算法用于训练系统，可以通过增强正确决策的权重，优化神经网络，形成复杂的财务决策方法和模型。这些模型随训练次数增加而更加精准，提高决策质量。

第三，决策生成。系统根据财务决策目标，选择相应的方法和模型，分析决策有用信息，生成财务决策。整个过程自动化，减少了人为参与，提高了效率和准确性。

新系统通过这一原理，实现了从广泛信息中提炼决策有用数据，通过深度学习形成先进的决策模型，并最终生成高质量的财务决策，为企业提供科学的决策支持。

（二）人工智能下财务决策支持系统环境构建与路径实施

1. 实施环境构建

系统正常运转需要周围环境提供支持和保障。实施环境包括相关支持系统和规章制度。

（1）支持系统构建

确保新系统顺畅运行，需要建立包括物质、数据和人力资源在内的支持系统，包括基础业务及财务系统构建、数据仓库构建、人才系统构建。

①基础业务及财务系统构建。如ERP、HR数据库等，作为内部数据的主要来源，提高数据质量和自动化程度，可以确保数据导入的效率。

②数据仓库构建。可以构建一个集中、安全的数据存储中心，存储经过清洗和整理的财务决策相关数据，为决策提供数据支撑。企业可以选择自建或采用云端数据仓库，以适应成本和安全性需求。

③人才系统构建。新系统在财务领域的应用标志着一次重大变革，它将改变管理者和员工的工作方式。企业需要采取以下措施来构建相关的人才系统。首先，员工心理关注。管理层应通过示范作用，积极引导员工接受新系统，缓解可能的抵触情绪。其次，全面培训。企业应组织针对所有员工和管理层的培训计划，确保他们能够熟练使用新系统，掌握其功能和操作。另外，鉴于新系统可能取代部分基层管理者的日常工作，企业应提供职业发展培训，帮助他们学习更高级的管理或专业技能，促进个人成长并为企业带来更大的价值。

（2）相关制度支持

①授权制度。具体如下所述。

第一，确立权限：新系统需为不同层级的管理人员设定合适的权限，以保护数据安全和公司机密。

第二，分级权限：应根据管理层级，分配审阅、修改和决策支持的权限。公开信息对所有用户开放，而敏感数据的访问则根据职能和需求进行限制。

第三，高层管理者：应拥有全面的数据访问权，以支持集团层面的战略决策。

第四，中层管理者：权限限定在本部门，以支持部门发展和成本控制。

第五，基层管理者：权限与其日常工作相关，如日常经营活动的数据访问。

②追责制度。在财务决策支持系统中，企业管理层依然是决策的核心，系统仅作为提升决策质量的工具。即便在系统辅助下，管理层的责任也并未减轻。任何由管理层发起的财务决策，若导致错误和企业损失，决策者必须承担责任。特别是基层管理者，对于系统自动执行的决策负有监督之责，若监督不力，造成失误，应追究其失职责任。即便在技术辅助下，决策的责任和监督机制依然明确且严格执行。

2.财务决策支持系统的实施与完善

（1）财务决策的综合评价与执行

①财务决策评价原则。具体如下所述：

第一，财务决策目标匹配原则，即确保决策方案与决策者目标层次相匹配，高层次目标要求广度和深度，低层次目标注重具体性和可执行性。

第二，财务决策方案可行原则，即在执行前对决策进行可行性评估，关注资源可用性、成本效益，并考虑外部环境适应性。

第三，财务决策过程合规原则，即遵循标准化决策流程，确保每一步的正确性，新系统需自检保证合规。

第四，执行效果达标原则，即通过财务指标和业务数据比较以及收集反馈，全面评价执行效果。

第五，财务决策过程成本收益原则，即平衡决策的详细程度与成本，确保决策收益超过成本。

第六，财务决策过程高效率原则，即决策过程需快速，以免错失经营机会，同时合理控制分析深度以提升效率。

②系统执行的持续完善。在确定方案决策后，系统应首先进行合规性、目标匹配性和可行性的评估，只有全部达标，决策才会被执行。

在执行过程中，系统应实时监控业财数据，并通过员工反馈和外部沟通收集信息，以监督和控制执行效果，并进行二次可行性评估。需要特别注意的是，在具体的执行过程中，如果效果不佳，系统需分析可行性和外部环境变化，必要时可以暂停执行并进行调整。同时，系统需通过自我学习和收集错误原因，不断优化自然语言处理、财务分析和决策模型，提升决策支持的质量。

完成执行后，系统可以进行综合评价，包括成本收益和效率，并根据需要提供详细分析报告。在实施前，若发现合规性问题，系统需评估其对目标和可行性的影响，并及时分析原因进行修正。若目标或可行性存在问题，系统需暂停执行，查找并解决问题。

整个路径是一个动态的循环过程，系统通过不断地评估、反馈和修正，确保财务决策始终符合企业的发展需求和方向，从而实现持续的完善和优化。

（2）重视财务决策过程中的人机协同

在人工智能辅助的财务决策支持系统中，人机协同是提升决策质量的关键机制，而非取代决策者的角色。人机协同通过充分的人机交互活动得以实现，并贯穿于财务决策方案制订和执行过程始终。

第一，财务决策目标提出与分析。决策者提出财务决策目标，新系统自动分析这些目标，识别约束条件，无须人工干预。对于复杂决策，生成的方案需经决策者审定。

第二，财务决策方案制定与反馈。新系统根据分析结果自主制订方案，以多种形式呈现给决策者。虽然决策生成过程自动化，但决策者需审阅重要决策，并可进行修正。

第三，财务决策方案审定与修改。决策者与系统紧密协作，审阅报告，对比自身见解与系统方案，必要时直接修改或添加约束条件，指导系统重新决策。

第四，总结与评价。系统主导评价过程，收集内外部反馈，持续优化决策。评价结果既用于系统学习，也供管理层审阅，确保决策质量。

通过这一系列协同步骤，系统与决策者共同提升财务决策的智能化和个性化水平，确保决策的准确性和有效性。

第八章

数字化转型背景下财务管理人才的培养

在数字化转型的浪潮中,财务管理作为企业运营的核心环节,其人才培养策略亟须深刻变革以适应新时代的挑战与机遇。数字化转型推动了财务管理从传统的记账、报表编制等基础性工作向价值创造、战略决策支持等高层次职能的跃迁。财务管理人员不再仅是数据的记录者与报告者,而是成了企业数据价值的挖掘者、风险管理的控制者以及业务发展的推动者。数字化转型重塑了财务管理的职能边界,对财务管理人才的综合能力提出了更高要求,促使培养体系向更加全面、前瞻的方向发展。

第一节

数字化转型对财务管理人才的要求

科技赋能下的财会领域人才缺口愈发显著,预示着财务管理人才,尤其是具备创新思维、管理能力及数字技能的高端人才,将成为市场竞相争夺的焦点。在数字化时代,财务管理人才面临着新的职业能力和素养要求。

一、数字化转型背景下财务管理人才的职业能力要求

在数字化时代背景下,信息技术的飞速发展使得那些机械化、重复性的财务工作逐渐被自动化工具取代,尤其是在财务作业的基础层面,这一现象尤为明显。财务信息系统不断向智能化、自动化方向演进,高效精准地完成记账、审核、报表编制等传统工作。因此,财务管理人才的职业能力需求也随之转变。

(一)全面扎实的专业理论知识能力

掌握理论专业知识是财务管理人员从业的基本要求,在数字化转型背景下,虽然可以依靠先进技术和软件弥补部分知识的不足,但专业理论知识不仅不能丢,反而要更加全面、扎实。

1.全面的专业知识基础

拥有全面的财务知识是每位财务管理人才的基础。这不仅意味着掌握书本上的理论知识,更要求能够将这些知识灵活应用于实际工作中。

(1)扎实的财务会计理论基础

财务管理人才需对会计原理、会计准则有深刻的理解,无论是对国内的《企业会计准则》还是对国际财务报告准则(IFRS),都要能熟练掌握并准确应用。了解会计循环的每一个环节,从原始凭证的审核到财务报表的编制都要做到游刃有余。

(2)核心技能的全面掌握

除了基础的会计知识外,财务管理人才还需精通财务报表的编制技巧,所编报表要能够准确反映企业的财务状况、经营成果和现金流量。同时,财务分析、成本管理等核心技能是其必备能力,通过这些技能,能够对企业的盈利能力、偿债能力、运营效率等进行全面评估,为管理层提供决策支持。

(3)精通国内外会计准则与税务法规

财务管理人员应精通并熟练掌握国内外会计准则与税务法规,以确保企业财务活动的合规性与高效性。

随着全球经济一体化的加深,跨国经营成为常态。因此,财务管理人才不仅要熟悉本国的会计准则和税务政策,还需熟悉国际会计准则及主要贸易伙伴国的税务法规、主要税务政策与规定,以确保企业在全球范围内的合规运营和税务优化。

2.深入的业务理解能力

财务管理不仅是数字的游戏,还与企业的实际运营紧密相连。因此,深入的业务理解能力对于财务管理人才而言至关重要。

(1)洞悉业务模式与运营方式

财务管理人才需深入了解企业的业务模式、产品特性、市场定位以及运营流程,理解各项业务活动如何产生收入、消耗成本,以及这些活动对企业整体财务状况的影响。这种理解有助于更准确地解读财务数据,发现潜在的问题和机会。

（2）融合分析财务数据与业务数据

财务管理人才擅长将财务数据与业务数据相结合，进行跨部门的综合分析。能够从销售数据、生产数据、库存数据等多个维度出发，结合财务报表中的各项指标，全面评估企业的运营效率和盈利能力，为管理层提供有价值的洞察和建议。

（3）做好战略支持与规划

基于对企业战略目标、市场环境、竞争对手情况的深入了解，财务管理人才能够为企业提供有针对性的财务建议和战略规划。能够帮助企业制定合理的预算、优化资本结构、控制成本风险、提升财务绩效，从而支持企业实现长期可持续发展。

（二）熟练使用先进财务软件的能力

在数字化日新月异的时代背景下，财务管理人才的角色愈发关键，他们不仅需要精通传统的财务管理知识，更需掌握强大的数据收集、整理与深入分析能力。这些能力使他们能够从浩如烟海的数据海洋中精准地筛选出对企业运营至关重要的信息，为管理层提供决策支持。

具体而言，卓越的财务管理人才需熟练运用各类数据分析软件及工具，包括但不限于Excel的高级功能（如VLOOKUP、数据透视表、宏编程等），这些功能能极大地提升数据处理的效率和准确性。

此外，随着大数据、云计算等技术的兴起，财务管理人才还需不断学习最新的数据分析技术和方法，如数据挖掘、机器学习在财务预测中的应用等，以适应快速变化的市场环境和企业需求。应具备将复杂数据转化为易懂语言的能力，有效沟通数据背后的故事，确保企业决策层能够基于数据洞察，制定出更加精准、有效的财务策略和运营计划。

数字化时代的财务管理人才是集财务管理知识、数据分析技能、技术工具应用于一身的复合型人才，要成为优秀的财务管理人才，必须不断提高自己熟练使用各种财务智能化软件的能力，如此才能适应数字化转型趋势。

（三）更强的财务数据分析能力

在数字化背景下，行业对财务管理人员的要求已经不再仅局限于基本的核算技能，而是更加注重财务管理人员的数据分析能力、系统操作与维护能力以及基于大数据的决策支持能力。

财务智能化软件的广泛应用要求财务管理人员不仅要能够熟练运用这些工具提升工作效率，还要能够从中挖掘数据价值，为企业战略规划提供有力支持。这一转变不仅体现了会计职业发展的时代特征，也指明了财务管理人才未来成长的方向。

（四）积极的创新思维能力

在数字化浪潮的推动下，财务管理人才被赋予了新的使命，亟须具备前瞻性的创新思维与能力。

首先，财务管理人员应当具备前瞻性的视野，敏锐地捕捉到技术领域的每一次革新与飞跃，深刻理解并预测这些技术趋势如何影响并重塑财务管理领域。他们需将这份洞察力与企业当前及未来的实际运营需求紧密相连，通过深入分析企业的财务状况、业务模式及市场环境，创造性地构思出既符合企业特色又能有效应对挑战的新策略与财务管理解决方案。

其次，财务管理人员应展现出高度的灵活性与创新性，勇于打破传统框架的束缚，不断探索和实践新的管理方法和技术应用。他们不仅要能够提出新颖的想法，更要具备将这些想法转化为实际行动的能力，确保新策略与解决方案能够顺利落地实施，为企业带来实实在在的效益提升。

最后，财务管理人员还需保持对行业动态的持续关注与深入研究，确保自己始终处于信息的前沿。面对人工智能、大数据、云计算等新兴技术的蓬勃发展，他们应积极拥抱这些变革，深入理解这些技术的核心原理与应用场景，并思考如何将这些技术融入财务管理工作的每一个环节中去。通过技术创新，推动财务管理工作向更加智能化、自动化、精细化的方向升级与转型，为企业创造更大的价值。

（五）优秀的参与决策的能力

财务管理人才不仅是企业经济活动的守护者，更是企业决策的重要参与者，在日常工作中，能够进行精准的财务数据分析，为企业战略规划、项目投资、风险管理等关键决策提供坚实的数据支撑。

优秀的财务管理人员不仅是数字与报表的驾驭者，更是企业战略的重要参与者和推动者。他们深知，在复杂多变的市场环境中，单打独斗难以成就企业的长远发展。因此，他们展现出非凡的跨部门沟通与协作能力，成为连接企业内部各板块的桥梁。

具体来说，现代财务管理人才可以与市场营销部门紧密合作，财务管理人员能精准分析市场趋势，为产品定价、促销活动提供财务支持与策略建议；他们还可以与产品研发部门携手，这样能确保项目预算的合理分配与风险控制，助力创新成果的快速转化。同时，他们可以与人力资源部门保持密切沟通，共同制定激励政策与成本控制方案，激发团队活力、优化人力成本结构。通过这一系列高效的跨部门合作，优秀的财务管理人员不仅能强化企业的内部控制，更能为企业的全面发展与持续进步奠定坚实的基础。

二、数字化转型背景下财务管理人才的职业素养要求

（一）良好的职业道德素养

财务管理人才应坚守职业道德高地，以高度的责任心和诚信精神确保每一笔财务信息的准确无误，从而维护企业的财务健康与声誉。

（1）秉持诚信核心价值：财务领域的专业人才应坚定不移地以诚信为基石，确保所有财务信息的透明度、精确性与完整性，杜绝任何形式的隐瞒、篡改或虚构行为，通过践行诚信的财务管理实践，积极塑造并维护企业的正面形象和公信力。

（2）精通法规制度：财务管理人员需深入掌握国家财经法律体系、会计

准则以及企业内部治理规范，确保每一项财务活动都能在合法合规的轨道上稳健前行。

（3）依法执行职责：财务管理人员需严格遵守法律法规，坚决抵制违法违规行为，保持职业操守，不滥用职权，不谋取不正当利益。

（二）持续学习的能力

面对数字化转型浪潮中层出不穷的新技术与新方法，财务管理人才应保持开放心态，将学习视为职业生涯的永恒主题。

在数字化时代，财务管理人才的角色与职责正经历着前所未有的变革。为了在这场变革中保持领先地位，他们必须紧密跟随时代的步伐，积极投身一个持续学习的过程中。通过积极参与专业培训、广泛涉猎专业书籍与前沿文章，参与行业论坛与研讨会等途径，持续扩充知识库，提升专业素养。具体阐述如下：

首先，参加专业培训是财务管理人才获取最新知识与技能的重要途径。这些培训课程往往由行业内的专家与资深从业者精心设计，内容涵盖了最新的财务管理理论、实践案例以及技术工具的应用。通过参与这些培训，财务管理人员能够迅速掌握行业动态，了解最新的政策法规，并学习如何运用先进的管理方法和技术手段来提升工作效率与决策质量。

其次，研读前沿文献也是财务管理人才拓宽知识边界、提升专业素养的有效方式。这些文献通常发表在权威期刊或专业网站上，涵盖了财务管理领域的最新研究成果与理论进展。通过深入研读这些文献，财务管理人员能够洞察学术前沿，了解领域内的热点问题与未来发展趋势，从而为自己的工作实践提供有力的理论支撑与指导。

此外，参与行业论坛与研讨会也是财务管理人才拓宽视野、建立人脉的重要平台。在这些场合中，来自不同企业、不同领域的财务管理专家与从业者汇聚一堂，共同探讨行业热点、分享经验心得。通过积极参与讨论与交流，财务管理人员能够获取宝贵的见解与灵感，了解同行们的最佳实践与创新思路，进而推动自身工作的改进与提升。

（三）信息安全意识

在数字化转型背景下，财务信息的安全面临更多挑战。财务管理人才需要加强信息安全意识，掌握必要的信息安全知识和技能，如加密技术、防火墙技术等，确保财务信息的安全和完整。具体来说，在数字化转型背景下，随着企业数据量的爆炸性增长以及云计算、大数据、人工智能等技术的广泛应用，财务信息的安全面临着前所未有的复杂性和多样性挑战。这些挑战不仅来源于外部网络攻击、数据泄露、恶意软件等日益猖獗的安全威胁，还涉及内部员工操作失误、权限管理不当等潜在风险。因此，对于财务管理人才而言，加强信息安全意识、提升信息安全防护能力显得尤为重要。

首先，财务管理人才必须深刻认识到财务信息安全的重要性，将其视为企业稳健运营的基石。他们需要时刻保持警惕，关注最新的安全动态和威胁情报，以便及时应对可能出现的风险。

其次，掌握必要的信息安全知识和技能是确保财务信息安全的关键。财务管理人才需要了解并熟悉各种信息安全技术，如加密技术、防火墙技术、入侵检测系统等，以及它们在保护财务信息方面的应用和作用。通过学习和实践，能够熟练运用这些技术手段，构建起有效的信息安全防护体系，确保财务数据的机密性、完整性和可用性不受损害。

再次，财务管理人员还应积极参与信息安全策略的制定。现代财务管理人才应根据企业的实际情况和业务需求提出合理的信息安全需求和建议，并协助制定和完善相关的信息安全政策和流程。

最后，财务管理人才在日常工作中，应严格遵守信息安全规定和操作流程，确保自己的行为不会给财务信息安全带来任何潜在的风险。

在新时期，财务管理人才会接触到更多、更核心的企业财务信息，因此，更应该将保密责任内化于心、外化于行，时刻绷紧保密这根弦，确保财务信息的绝对安全。

总之，上述各项能力如图8-1所示，其是数字化转型背景下财务管理人才的重点要求，大数据、人工智能等前沿技术的融合应用，不仅极大地丰富了会计工作的内涵，也促使社会对财务管理人才的需求结构发生了深刻变化。财务管理人才只有掌握扎实的专业技能,提高各项适应数字化环境的能力,才能在数字化转型中适应行业发展并脱颖而出。

```
                    ┌─────────────────────────┐
                    │    数字化转型背景下      │
                    │ 财务管理人才的职业能力要求 │
                    └───────────┬─────────────┘
                   ┌────────────┴────────────┐
            ┌──────┴──────┐           ┌──────┴──────┐
            │  职业能力要求 │           │  职业素养要求 │
            └──────┬──────┘           └──────┬──────┘
```

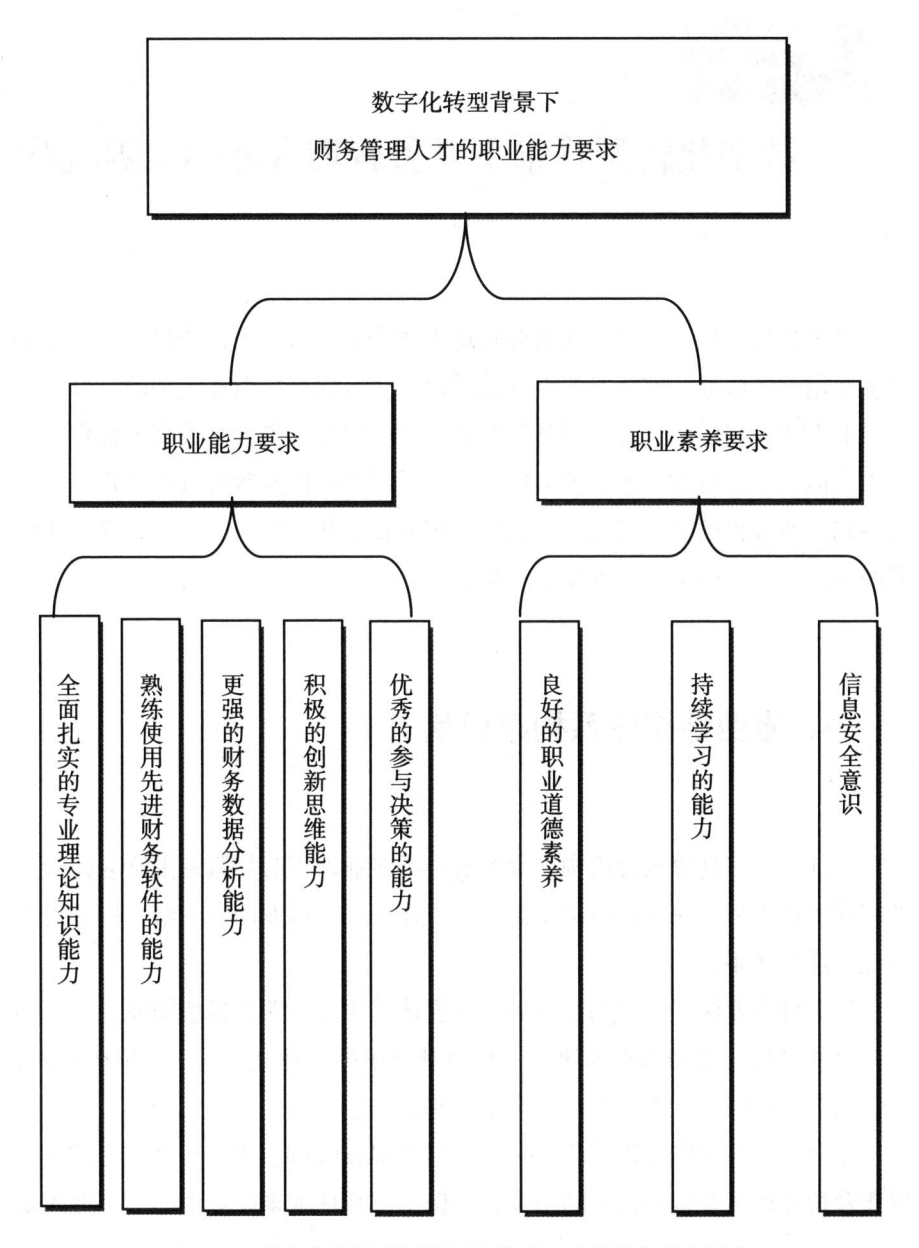

职业能力要求:全面扎实的专业理论知识能力 | 熟练使用先进财务软件的能力 | 更强的财务数据分析能力 | 积极的创新思维能力 | 优秀的参与决策的能力

职业素养要求:良好的职业道德素养 | 持续学习的能力 | 信息安全意识

图8-1 数字化转型背景下财务管理人才的职业能力要求

第二节

数字化转型背景下财务管理人才的培养现状

高等教育机构所致力于的财务管理人才培养，旨在为社会输送一批能够熟练运用财务服务、实施有效财务管理以及进行深层次财务处理的复合型财经专业人才。当前，会计与财务类专业已广泛覆盖于绝大多数高等教育学府之中，但鉴于各校在人才培养策略、教学质量把控以及教育资源配置等方面的不同，所取得的教育成效也呈现出了多元化态势。当前，财务管理人才培养的现状可以从以下几个维度进行概括。

一、专业课程体系构建现状

当前，众多高等教育机构在设置财会类专业课程时均紧密围绕会计行业的实际运作流程，深入剖析岗位需求、工作任务及行业动态，精心构建出系统化的课程体系。

以会计专业课程体系构建为例，课程体系主要由两大板块构成。

公共基础与选修课程模块：旨在提升学生的会计文化素养与道德情操，为其成为合格的会计专业人才奠定坚实基础。

专业实习与实践课程模块：聚焦于财务报表解析、成本核算、会计实务操作及税务处理等核心技能的培养，确保学生掌握未来职业生涯中不可或缺的关键能力。[①]

值得一提的是，当前高等教育在会计人才培养上的显著特色是"岗课融合"：一方面，课程紧密对接岗位需求，依据会计职业能力与岗位规范设计课程内容；另一方面，融入会计职业资格考试要求，增强学生的应试能力与专业素养；此外，强化基础技能与岗位实践的融合，全面培养学生的综合会计能力。

二、教学实践体系发展现状

鉴于财务类专业的综合性与实践性，实践教学成为不可或缺的环节。随着经济与企业的不断发展，财务类人才的培养已从基础技能向高级财务管理能力转变。因此，高等教育机构在实践教学方面采取了分阶段、分层次的教学策略。

（一）基础技能教学阶段

本阶段的教学高度重视并专注于学生基础技能的扎实培养，涵盖数学计算能力的精确掌握、税务处理技巧的深入理解以及基础会计操作流程的熟练运用。

通过系统化的课程设计与实践练习，学生能够建立起坚实的理论基础，初步形成解决实际会计问题的能力框架。

（二）模拟实训阶段

为了让学生更好地适应现代财务的发展趋势，一些高校创新性地引入了模拟实训与毕业实习等多元化教学模式。这些环节充分利用了大数据与智能

[①] 郑爱民.大数据时代会计人才培养模式的改革与创新[M].长春：吉林人民出版社，2020：58.

化技术的优势，通过构建高度仿真的财务工作环境，让学生在模拟项目中亲身体验财务信息化处理的全过程。

在模拟实训过程中，从数据的收集、整理、分析到报表的生成与解读，每一步都融入了最新的信息技术手段，有效提升了学生的信息技术应用能力和业务处理的信息化水平。

（三）毕业实习阶段

在这一阶段，许多高校积极搭建校企合作平台，通过深度合作的方式，为学生创造了一个无缝对接真实工作环境的实践机会。

通过学校的努力推进，学生不仅能够深入企业内部，参与实际财务工作的各个环节，还能在资深财务管理人员的指导下，解决复杂多变的财务问题，从而极大地增强他们的专业认知与实际操作能力。

这种合作模式为企业输送了高质量的财务人才资源，促进了企业的持续发展，对学生也是很好的锻炼，进而真正实现了学校、企业、学生之间的互利共赢。

三、师资队伍发展现状

鉴于财务类专业的特殊要求，高校对教师的资质与能力提出了更高的要求，如持有注册会计师、高级会计师等证书。

目前，多数高校已构建起"双师双能型"教师队伍，且高学历教师比例逐步提升。面对大数据与智能化的挑战，教师积极自我提升，掌握新型信息化技术，以更好地适应教学需求，履行教书育人的职责。

四、财务管理人才培养中的一些问题

（一）课程设计方面的一些明显不足

目前，我国部分教育机构在财务管理人才培养的课程设计方面存在明显不足，未能紧跟时代步伐。

（1）基础课程与专业课程间比例失衡，过度聚焦于传统会计知识的传授，忽视了信息技术应用能力的培养。

（2）跨学科融合课程匮乏，专业课程设置偏重核算技能而忽视对学生管理能力的培养。

（3）整体课程体系缺乏系统性和前瞻性，难以满足数字时代对复合型财务人才的需求。[①]

（二）智能财务应用下的财务人员知识框架的局限性

步入数字化时代，财务人员由"核算导向"向"智能决策导向"的转型变得势在必行。但需要关注的一点是，当前财务教育体系与从业人员的知识结构更新滞后，加剧了财务人才供给与市场实际需求之间的错位。这种不匹配限制了财务人员充分利用智能财务工具的能力，阻碍了智能财务系统潜力的高效释放。

（三）财务管理人才缺口仍较严峻

2021年11月，中华人民共和国财政部正式颁布了《会计改革与发展"十四五"规划纲要》，该规划预测至2025年，我国对于高质量财务专业人才的需求预计将超过1200万大关。然而，当前我国财务领域的人力资源现状呈

[①] 胡晓锋.数字经济时代智能财务人才的培养与实践研究[M].长春：吉林出版集团股份有限公司，2022：136.

现出以下几个显著的失衡现象：

（1）基础核算型财务人员的数量趋于饱和，而具备高端管理能力的财务专家则显得尤为稀缺。

（2）传统财务技能掌握者众多，但适应信息化、数字化转型需求的财务人才却供不应求。

（3）广泛通用的财会人才市场相对饱和，而针对特定行业具备深入洞察力的财会专业人才则严重短缺。[①]

第三节 数字化转型背景下高校财务管理人才的培养路径

一、促进学生职能观念的改变

随着数字经济浪潮的汹涌而至，传统会计领域的核算职能正逐步被智能财务系统与自动化办公工具所替代。这一转变重塑了财务工作的面貌，对财务人才的职能定位提出了全新要求。

具体来说，财务工作的重心正从烦琐的核算任务中抽离，转向更深层次的数据分析与洞察。这一趋势体现在核算工作的智能化迁移（日常经济业务的核算工作日益被计算机系统与智能机器人所承担）、管理会计职能的凸显（人在非常规业务处理、战略规划与决策支持方面的作用日益重要）、数据分

---

① 韩婷婷，周嫚.数智时代"3+3+4"财务管理人才培养模式探究[J].营销界，2023（19）：20.

析能力的跃升（数字化对财务人员的数据分析、挖掘、算法应用等能力提出了更高要求）。因此，财务人才的培养需紧跟时代步伐，高校应有意识地助力学生向数据分析师与算法工程师的角色转型。

高校可以尝试广泛开设相关课程，帮助学生在精通会计专业知识的基础上，广泛涉猎数学、统计学、计算机科学等领域，掌握数据挖掘、数据分析软件应用、区块链技术、财务云及财务机器人等相关知识。唯有如此，高校才能培养出符合数字经济时代的复合型财务管理人才。

二、促进学生职业角色的转变

在数字化转型的大背景下，财务管理人才的职业角色定位正在发生深刻的变化。高校在着手培养财务管理人才的过程中应引导学生认识到自己的职业角色从传统核算型向以下新角色的转变。

（一）综合管理者

昔日，财务管理者聚焦于精确核算与合规记账。而今，随着数字化转型的深化，其职责范畴大幅扩展。他们正逐步摆脱繁重核算，转型为综合管理者。他们不仅需要精通财务数据处理与分析，更需洞悉业务运营，为企业战略决策提供坚实支撑。

（二）数字化转型的引领者

作为企业数字化转型的核心驱动力，数字化转型下的财务管理人才需扮演引领者与支持者的双重角色。

从引领者的角度来看，财务管理人才须具备前瞻性的思维，能结合企业实际情况描绘出数字化转型后的财务管理蓝图，为全公司提供明确的方向和目标；在数字化转型中，新技术如人工智能、大数据、云计算等的引入与应用是关键。财务管理人才应主动了解、学习并引入适合企业的财务管理新技术；财务管理人才需发挥引领作用，对现有流程进行深入分析，识别痛点与瓶颈，设计并实施更加高效、灵活的财务管理流程，以提升财务管理效率与质量。

从支持者的角度来看，在数字化转型过程中，企业往往需要投入大量的人力、物力与财力。财务管理人才须扮演好资源协调者的角色，合理调配资源，确保数字化转型项目的顺利进行；财务管理人才须具备敏锐的风险意识，能够及时发现并评估数字化转型带来的风险与挑战，制定有效的防控措施，确保企业在数字化转型过程中能够稳健前行；数字化转型对员工的技能与素质提出了新的要求，财务管理人才须承担起培训与教育的责任，帮助其他员工提供必要的培训与支持，以更好地适应数字化转型带来的变化。

（三）数据洞察与分析者

在数据成为企业核心资产的时代，财务管理专家需具备敏锐的数据感知能力与卓越的分析能力。因此，高校应着重培养学生熟练运用各类分析工具的能力以及从海量数据中萃取价值信息的能力，具体而言，应引导学生积极学习数据挖掘与数据分析技术，提升其根据目标进行数据搜索、收集、整理、筛选及分析的能力。这样，学生从业后能利用个人知识和技能真正为企业决策提供数据支撑。这种能力使企业能更精准地把握市场脉搏与客户需求，提升决策效率与精准度。

（四）促进业财融合的协作者

数字化转型呼唤企业内部的深度整合与协同。在高校财务管理人才培养过程中，学生应逐步掌握专业知识，并树立致力于业财融合、与业务部门紧密合作、共同探索价值增长点的意识和能力。

在将来的实际工作过程中，财务管理人才应从部门决策执行向协作者转变，与IT等部门保持密切沟通，协同推进财务系统的优化升级，打破信息孤岛，实现数据共享与高效流通。

（五）坚定不移的学习者

面对日新月异的数字化环境，财务管理人员需保持开放心态与学习热情，紧跟行业动态与技术前沿，不断更新专业知识与技能。对此，高校应在求学阶段就帮助学生养成良好的自学能力以及通过参与培训、交流研讨等方式学习的能力。

在数字经济时代，高校财务人才培养的蓝图正被重新绘制，以适应这个以数据为驱动、以技术为引领的新时代。在这一背景下，跨领域知识体系的构建与综合素养的提升成了财务人才培养不可或缺的核心要素。

首先，跨领域知识体系的构建意味着财务专业的学生不再局限于传统的会计、财务管理等核心课程，而是需要广泛涉猎信息技术、数据分析、经济学、管理学乃至法律等多个领域的知识。知识融合有助于学生形成更为全面和深入的专业视野，使他们更好地理解数字经济下企业财务活动的复杂性和多样性。例如，掌握信息技术和数据分析技能可以使学生更有效地利用大数据和人工智能技术优化财务管理流程，提升决策效率与准确性。

其次，综合素养的提升是财务人才在数字经济时代立足的基石，包括良好的沟通能力、团队协作精神、创新思维、批判性思维以及持续学习的能力等。同时，创新思维和批判性思维是不可或缺的，它们将帮助学生在快速变化的市场环境中灵活应对，不断寻找新的机遇和解决方案。

为了实现上述目标，高校应采取一系列措施，如优化课程设置、加强实践教学、引入校企合作等。在课程设置上，应增加跨学科选修课程，鼓励学生根据个人兴趣和职业规划选择适合自己的学习路径。在实践教学方面，可以通过建立校企合作基地、组织财务案例分析、开展财务咨询项目等方式让学生在真实的工作环境中锻炼和提升自己的综合素养。

此外，高校还要调动一切可利用的资源，鼓励和帮助学生不断拓宽知识边界，以促使学生掌握金融计算、信息技术等跨学科知识，构建跨领域协同创新的知识体系。

三、关注学生专业素质与综合能力的提升

高校应积极响应国家管理会计体系建设的号召,引导财务人才向管理会计转型。

一方面,高校应在专业课程教学中注重加强业务与财务专业知识、技术的融合,提高未来财会专业人员的专业素质与综合能力。高校在培养财务人才的过程中,还要注重实践教学与案例教学的结合,使学生将来能够更好地适应数字经济时代的挑战。

另一方面,高校在财务人才培养的宏伟蓝图中,还应关注学生个人综合能力的发展,为其未来在财务管理领域职业生涯的持续繁荣奠定坚实基础。具体应关注学生以下能力的提升:

沟通表达能力:在财务管理领域,有效的沟通是确保信息准确传递、促进团队协作、赢得利益相关者信任的关键。高校应通过模拟商务谈判、财务报告演讲、辩论赛等形式,锻炼学生的口头与书面表达能力,使其能够清晰、准确地传达财务信息和理念。

团队协作能力:现代财务管理工作往往需要跨部门、跨领域的紧密合作。因此,高校应鼓励学生参与团队项目、社团活动、社会实践等,培养他们在多元化团队中协作、协调、解决冲突的能力,学会倾听他人意见,共同达成目标。

领导力:领导力是财务管理人才在职业生涯中脱颖而出的重要因素。高校可以通过领导力培训、案例分析、模拟领导岗位实践等方式,激发学生的领导潜能,教会他们如何设定目标、激励团队、做出决策,并勇于承担责任。

创新能力:在快速变化的数字经济时代,创新思维是推动财务管理创新、优化流程、提高效率的关键。高校应鼓励学生打破常规,勇于尝试新方法、新技术,通过开设创新课程、创业孵化项目、参加创新竞赛等方式激发学生的创新思维和创造力。

复杂问题解决能力:财务管理工作中经常需要面对复杂多变的问题和挑战。高校应培养学生的批判性思维、系统思维和问题解决策略,通过案例分析、模拟经营、实地考察等方式,让学生学会如何分析问题、制订方案、评

估风险并有效执行，以应对未来的不确定性和挑战。

四、强化学生对数字经济要素价值的认知

在数字经济时代，作为新兴生产要素，数据资源的价值与地位日益凸显。在数字经济背景下，数据不仅能够提供服务价值，还成为企业决策与战略规划的重要依据。[①]对此，高校应充分、深刻认识并重视数据资源的经济价值，引导学生积极学习数字技术，提升学生的数字素养。

一方面，高校在培养财务管理人才时应积极鼓励和推进学生定期参与新型数字技术培训，使学生掌握数据收集、处理、分析及应用的最新技能。

另一方面，高校在财务管理人才培养过程中应时刻提醒学生摒弃传统的单维数据观念，树立多维、动态的数据视角，以更好地挖掘数据价值，并将这种数据观念培养贯彻到日常教学实践中去。

五、优化课程设置

在课程设置方面，高校应注重理论与实践相结合，增加实践教学与案例教学的比重。同时，应根据行业需求与人才培养目标调整课程内容与结构，确保财务人才培养的针对性与实效性。

（一）强化基础课程

要将以下课程作为财务管理人才培养的根基课程：会计学原理、财务管

---

① 胡晓锋.数字经济时代智能财务人才的培养与实践研究[M].长春：吉林出版集团股份有限公司，2022：137.

理基础、金融学导论等，为学生奠定稳固的知识根基。

这些课程涵盖了会计学的核心要素、财务管理的基本理论与实务操作，深入剖析了金融市场的运作机制与金融工具的应用。通过系统学习，学生将建立起稳固的知识根基，为后续的专业课程学习奠定坚实的基础，为未来的职业生涯铺设坚实的道路。

（二）深化专业课程

深化专业课程是提升学生财务管理专业素养的关键所在，主要聚焦于以下课程设置：

财务报表深度剖析课程：让学生掌握如何运用财务报表进行财务分析和决策。

管理型会计实践课程：强调会计在企业管理中的应用，培养学生参与企业管理的实践能力。

成本会计精要课程：专注于成本的核算与控制，为学生在成本控制与决策方面提供强有力的支持。

预算控制与内部治理课程：关注学生如何在复杂多变的环境中实施有效的预算管理和内部控制，以确保企业财务目标的实现。

财务管理的数字化课程：培养学生在数字经济时代利用先进技术和工具高效、精准地进行财务管理的能力，如掌握大数据技术在财务分析中的应用，运用大数据分析方法评估投资项目、制定融资策略、优化资本结构等的能力，掌握Python编程语言在数据处理、统计分析、数据可视化等方面的运用。

高校结合学校和学生实际，可以在确保以上课程顺利开展的基础上，增加更多丰富的课程。

（三）拓展选修课程

拓展选修领域可进一步丰富学生的学习选择，增强其跨学科应用能力。

风险管理策略课程：教授学生如何识别、评估和应对企业面临的各种风险，为其在未来职业生涯中保驾护航。

税务规划与优化课程：聚焦于税务筹划与合规管理，帮助学生掌握税收政策和法规，为企业合理避税提供策略支持。

财务信息化技术应用课程：紧跟时代步伐，介绍财务信息化的最新技术和应用，如ERP系统、大数据分析等，提升学生的信息技术应用能力。

资本市场运作与投资策略课程：带领学生走进资本市场，了解股票、债券、基金等金融产品的运作机制和投资策略，培养学生的金融市场投资意识与能力。

（四）重视实践课程

为了进一步强化学生的实践能力，高校应构建和不断完善财务管理类专业学生的校内实训体系和校外实习合作教学环节。

首先，校内实训体系可通过高度仿真的财务模拟实验室，模拟真实企业运营场景，让学生在虚拟环境中进行财务决策模拟、财务分析实践等实训操作，以锻炼其动手能力和问题解决能力。

其次，校外实习合作可深化与业界的合作关系，广泛建立实习实训基地，为学生提供宝贵的校外实习岗位。在这些实习岗位上，学生能够亲身体验企业财务管理岗位的实际运作流程，与业界专业人士深入交流学习，加深对行业规范、业务流程的理解与掌握，为未来的职业生涯奠定坚实的基础。

六、创新培养模式

在具体课程设置过程中，可以尝试创新构建"3+3+4"财务管理人才培养模式，即人才培养方向的"三融合"、人才培养方案的"三注重"、课程体系的"四维度"。[1]

---

[1] 韩婷婷，周嫚.数智时代"3+3+4"财务管理人才培养模式探究[J].营销界，2023（19）：21-22.

（一）人才培养方向的"三融合"

在财务管理人才培养方向选择上，高校在数字化转型背景下对财务管理人员的培养必须坚持"三融合"。

首先，高校应深度融合数据智能与财务管理教育，课程规划应涵盖数据分析工具实操、数据预处理技术、财务数据分析模型构建及可视化展示等。

其次，高校要想培养优秀的财务管理人才，需强化业务与财务的跨界融合能力，为学生提供行业案例分析课程和实地探访企业及实习的机会。

最后，高校应重视在教育体系融入创新创业元素，注重创新创业精神与专业素养的融合。

（二）人才培养方案的"三注重"

在财务管理人才培养方案的确定上，高校应坚持"三注重"，即注重理论基础、硬技能、软实力的培养。具体来说，高校应着重巩固学生的多学科基础知识体系，为学生后续深入学习奠定坚实的基础。同时，要培养学生在财务管理领域的核心硬技能，引入行业认证课程，助力学生获取专业资质，增强其职场竞争力。

此外，高校还应注重培养学生的竞争软实力，包括沟通表达、团队协作、领导力、创新思维、复杂问题解决能力等，为学生未来的财务管理职业生涯的持续发展赋能。

（三）课程体系的"四维度"

在财务管理人才的课程体系建设上，要关注"四维度"。具体如下：

一是财务维度，强化学生的财务报表分析、管理及决策等核心财务知识与技能，使学生做到"精财务"。

二是业务维度，帮助学生了解行业与企业特性，优化财务管理在特定行业的应用，使学生做到"懂业务"。

三是分析维度，高校应注重学生的数据分析能力，使学生达到"善分析"。

四是管理维度，高校应注重对学生进行团队合作、领导力、项目管理、人力及战略管理等能力的培养，体现"重管理"。

"3+3+4"财务管理人才培养模式是一种以学生为核心的、科学的财务管理人才培养模式，通过图8-3可以清晰地了解"3+3+4"财务管理人才培养模式构建。此外，高校还应积极探索特色化、差异化的人才培养模式与路径，以满足不同领域与行业的多元化需求。

三融合
- 融合数据智能与财务管理
- 融合业务与财务
- 融合创新创业精神与专业素养

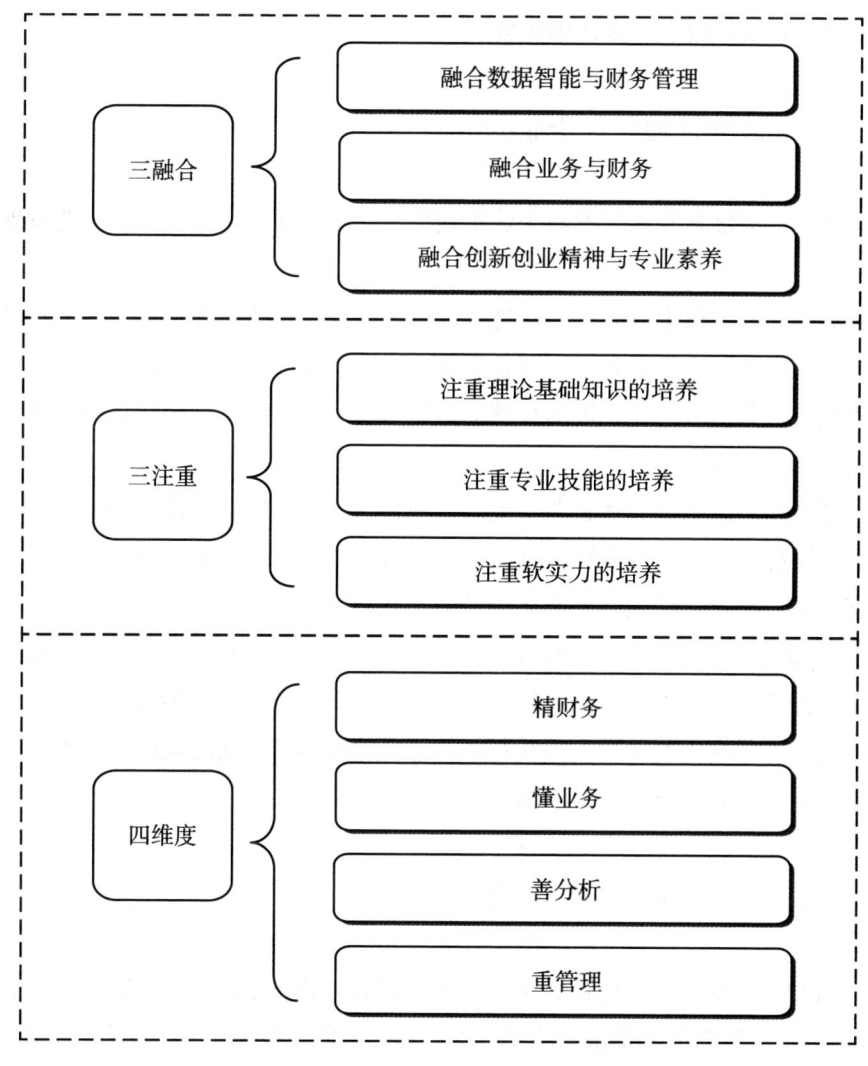

三注重
- 注重理论基础知识的培养
- 注重专业技能的培养
- 注重软实力的培养

四维度
- 精财务
- 懂业务
- 善分析
- 重管理

图8-3 "3+3+4"财务管理人才培养模式

七、加强师资队伍建设

在数字经济时代背景下,会计学科的创新与发展已成为不可逆转的趋势。然而,当前会计学科建设仍存在一定的滞后性。为应对这一挑战,高校应加速推进学科创新步伐,设置与大数据、人工智能等相关的课程与专业方向。同时,高校应加大师资队伍建设力度,提升教师的专业素养与教学能力。具体可以从以下几方面做出尝试。

(一)鼓励教师深入企业调研

高校应鼓励教师积极参与企业实践与社会服务活动,深入了解行业发展趋势与人才需求变化。

高校应当积极倡导并大力支持教师群体投身于企业实践与社会服务活动之中,鼓励教师走出象牙塔,深入企业一线,拓宽教师的专业视野,使他们在实践中深刻理解行业发展的最新动态与未来趋势,以及这些变化对专业人才能力结构的具体要求。

通过精心组织的教师企业实地调研项目,教师可以亲身体验企业财务管理的实际操作流程,与业界专家面对面交流,了解企业在数字化转型、财务管理创新、风险管理控制等方面的最新实践与挑战。沉浸式的学习体验可以帮助教师直观感受到财务领域对人才需求的微妙变化。基于这些宝贵的实践经验和深刻洞察,教师可以将行业对人才的最新需求变化作为教学内容更新的重要参考依据,引导学生关注行业动态,培养其解决实际问题的能力,以确保学生所学知识与市场需求高度契合。

(二)加强师资的继续教育

就教师自身而言,应在数字化财务管理教育背景下,持续学习"人工智能导论""大数据驱动的决策模型""大数据分析与可视化"等课程,以适应教育与行业的快速发展。这些课程可以帮助教师掌握AI基础,预见技术应用趋势，还可以将其融入教学中以提升教学效果。同时，可有助于教师掌握分析模型与方法，解决财务管理中的实际问题。

高校应通过组织教师参与培训与继续教育项目，不断更新教师的知识结构与教学理念。通过精心策划与组织多样化的培训与继续教育项目可以为教师队伍的知识更新与教学理念革新提供强有力的支持，从而构建一个动态、开放的学习生态系统，确保每位教师都能紧跟时代步伐，不断提升自我，以适应快速变化的教育环境和社会需求。

高校应鼓励并资助教师积极参与高质量的专业培训。这些培训可以涵盖最新的教育理论、教学方法、技术手段以及各自专业领域的最新研究成果。通过邀请国内外知名学者、行业专家进行授课，或组织教师参加国内外高级研讨会、工作坊等，教师能够深入了解教育改革的最新动态，掌握先进的教学理念和技巧，从而提升教学质量和效果。

高校还应积极支持教师深造教育，为他们提供攻读硕士、博士学位或进行博士后研究的机会。这不仅有助于教师深化专业知识，拓宽学术视野，还能培养他们在各自领域内的研究能力和创新能力。通过深造教育，教师可以更好地把握学科前沿，为教学注入新的活力和思考。

此外，高校还应促进多学科间的交叉融合，通过搭建跨学科交流平台或组织联合研究项目来鼓励教师与不同学科背景的同事、国内外同行以及企业界人士开展合作与交流。这种跨学科的互动与合作有助于教师打破传统学科界限，拓宽研究视野，为教学带来丰富的素材和案例，使课程内容更加丰富多彩，从而激发学生的学习兴趣和创造力。

（三）促进国内外交流与合作

深化与国内外顶尖高校及权威研究机构的合作关系，以构建更加开放、包容、高效的学术生态。这不仅是提升高校自身竞争力与影响力的关键途径，也是培养具有国际竞争力的高素质人才、不断丰富和更新教学内容、提升师资队伍的整体实力的重要举措。

具体来说，高校可以采取以下几种形式来促进财务管理人才培养领域的教师参与国内外交流与合作活动。

首先，互访机制是增进了解、建立互信的重要桥梁。通过高层互访、学者交流等形式，高校可以深入了解对方在教育理念、学科特色、科研成果等方面的优势，为后续的深度合作奠定坚实基础。同时，这种互访有助于增进双方师生之间的友谊，促进文化交流与学术碰撞。

其次，联合研究是提升科研创新能力的重要途径。高校可以围绕共同关心的科学问题或技术难题，与国内外顶尖高校及权威研究机构开展联合研究项目。通过共享研究资源、优势互补，可以加快科研进度，提高研究成果的质量与水平，这有助于推动学科交叉融合，培养出一批具有国际视野和跨学科背景的科研教师人才。

再次，学者互聘制度为高校师资队伍的国际化与多元化提供了有力支持。高校可以通过与国内外知名高校及研究机构签订学者互聘协议，吸引具有国际视野和卓越成就的优秀人才来校任教或开展短期学术访问。这些学者的加入能为高校带来新的学术思想与教学方法，从而提升本校师资队伍的国际化水平。

最后，高校还应积极吸纳优质教育资源与科研成果，以此来不断丰富和更新教学内容，包括引进国内外先进的教材与课程资源、邀请知名学者来校讲学或开设讲座等，拓宽教师的国际视野。

（四）构建线上科研交流平台

可以利用线上课程、专题研讨会等现代化手段，构建更为便捷高效的科研交流平台，促进教师之间的思想碰撞与学术争鸣，为教师的科研工作铺设坚实的支撑。①

在数字化、大数据、移动互联及云计算的新时代背景下，财务管理人才培育模式的革新愈发依赖于教师队伍的引领作用。为了确保教学品质持续提升，加强对师资综合能力的提升策略显得尤为重要。

---

① 王安超. "云财务"时代新型财务管理人才培养的探析[J].广西质量监督导报，2019（8）：189.

八、推动产学研合作

面对财务人员供需矛盾日益突出的现状，高校应积极推进财务人才知识框架的更新与升级，加强与企业的合作与交流，推动产学研深度融合。

高校可以通过引入会计电算化、ERP系统等实验教学系统，帮助学生建立丰富的数字化财务知识体系。同时，要结合大数据、人工智能等现代信息技术，持续改进实践课程的内容与形式，为学生提供更多的实践操作机会。

在产学研合作过程中，高校应充分利用自身优势资源与企业共同开展科研项目与技术创新活动。通过共享资源、互通有无，可以实现双方互利共赢与共同发展。在产学研合作这一高效协同创新的模式下，高校应当充分发挥其在学术研究、人才培养以及技术储备方面的深厚优势，积极与企业搭建起合作的桥梁。双方应携手开展科研项目与技术创新活动，这不仅是将高校前沿科技成果转化为实际生产力的有效途径，也是企业技术升级和产品创新的重要驱动力。这种合作模式可以促进学术与产业的深度融合，加深彼此的了解与信任，从而实现多方互利共赢。此外，有条件的高校还应积极参与国际交流与合作项目，引进先进的教学理念与方法，提升学校财务人才培养的国际化水平。

总之，数字经济时代的到来为财务人才培养带来了前所未有的机遇与挑战。面对这一时代变革的洪流，高校作为财务人才培养的重要基地与摇篮，必须紧跟时代步伐，不断提升学生的专业素养与综合能力，为培养更多适应数字经济时代发展的高素质财务人才贡献力量。

参考文献

[1] 鲍凯.数字化财务：技术赋能 财务共享 业财融合 转型实践[M].北京：中国经济出版社，2023.

[2] 蔡建平，潘瑞瑞.大智移云时代财会队伍角色转换与能力应对研究[M].南京：东南大学出版社，2021.

[3] 郭赞伟，丁祎.企业财务管理的信息化建设研究[M].北京：北京工业大学出版社，2021.

[4] 国网江苏省电力有限公司财务数字化转型实践创新课题组.财务数字化管理升维：国网江苏电力实践[M].北京：机械工业出版社，2023.

[5] 韩军喜，吴复晓，赫丛喜.智能化财务管理与经济发展[M].长春：吉林人民出版社，2021.

[6] 胡晓锋.数字经济时代智能财务人才的培养与实践研究[M].长春：吉林出版集团股份有限公司，2022.

[7] 刘乃芬.智慧财务共享未来：智能技术驱动下企业财务共享体系建设与应用研究[M].长春：吉林人民出版社，2022.

[8] 邱涵，张丽，李晨光.智能时代财务会计管理转型研究[M].延吉：延边大学出版社，2022.

[9] 王利萍，吉国梁，陈宁.数字化财务管理与企业运营[M].长春：吉林大学出版社，2020.

[10] 王盛.财务管理信息化研究[M].长春：吉林大学出版社，2020.

[11] 王雁滨，苏巧，陈晓丽.财务管理智能化与内部审计[M].汕头：汕头大

学出版社，2021.

[12] 吴娟.数字化转型中业财融合及其实现路径研究[M].长春：吉林人民出版社，2022.

[13] 吴灵辉.财务管理[M].秦皇岛：燕山大学出版社，2023.

[14] 徐燕.财务数字化建设助力企业价值提升[M].广州：华南理工大学出版社，2021.

[15] 徐志敏，邵雅丽.云计算背景下的财务共享中心建设研究[M].长春：吉林人民出版社，2019.

[16] 杨安.财务共享模式下企业财务转型研究[M].北京：中国纺织出版社，2023.

[17] 张建峰，唐亮著.大数据背景下业财融合研究[M].哈尔滨：哈尔滨工业大学出版社，2021.

[18] 张书玲，肖顺松，冯燕梁.现代财务管理与审计[M].天津：天津科学技术出版社，2021.

[19] 郑爱民.大数据时代会计人才培养模式的改革与创新[M].长春：吉林人民出版社，2020.

[20] 周彩节，洪小萍.财务管理[M].北京：北京理工大学出版社，2023.

[21] 陈宁，杜坤.区块链技术在企业财务管理中的应用与前景[J].中国集体经济，2024（9）：145-148.

[22] 陈玉东.数字化转型下的业财融合[J].财会学习，2023（29）：8-10.

[23] 杜昀.论人工智能技术在财务管理中的发展与应用[J].全国流通经济，2018（24）：26-27.

[24] 邰保萍.企业数字化转型与内部控制有效性[J].会计之友，2023（4）：127-133.

[25] 韩婷婷，周嫚.数智时代"3+3+4"财务管理人才培养模式探究[J].营销界，2023（19）：20-22.

[26] 胡一帆.基于Web的电力企业财务管理信息系统的设计[D].保定：华北电力大学（河北），2008.

[27] 金哲.人工智能技术在财务管理中的应用[J].中国市场，2020（19）：145+147.

[28] 李刚，王鹏虎，孙宁.推动内部审计数字化转型的思考[J].现代金融导刊，2020（11）：35-38.

[29] 李进升.业财融合在财务管理中的运用[J].商讯，2021（2）：31-32.

[30] 刘伟芹.数字经济背景下企业财务数字化转型探讨[J].商业观察，2024，10（14）：43-46.

[31] 潘映峰.浅谈大数据时代企业财务风险管理[J].活力，2024，42（12）：145-147.

[32] 彭海军.企业如何利用数字化转型深化业财融合[J].中国商界，2024（1）：214-215.

[33] 任健.MN公司财务管理信息系统实施方案研究[D].西安：西安理工大学，2018.

[34] 沈捷，刘赣华，刘慧宇.人工智能技术在企业财务管理中的应用[J].合作经济与科技，2018（20）：126-127.

[35] 宋衔.人工智能技术在企业财务管理中的应用分析[J].环渤海经济瞭望，2019（11）：90.

[36] 孙大东，李佳凝，史春娜.区块链技术在企业财务管理中的应用[J].中国总会计师，2022（1）：118-121.

[37] 陶萍，董菲菲.区块链技术对企业财务管理的影响[J].财富时代，2020（6）：169-171.

[38] 王安超."云财务"时代新型财务管理人才培养的探析[J].广西质量监督导报，2019（8）：189.

[39] 王慧敏，李娟.区块链技术对中小企业财务管理的影响[J].现代商贸工业，2018，39（34）：84-85.

[40] 王士公.区块链技术对公司财务管理的影响——以阿里巴巴为例[D].成都：西南财经大学，2019.

[41] 王硕旋.新形势下企业财务内部控制体系建设研究[J].中国市场，2023（28）：161-164.

[42] 王玮.企业财务共享服务中心建设策略研究[J].大众投资指南，2022（18）：125-127.

[43] 王震寰.区块链技术对中小企业财务管理的影响及对策研究[J].营销界，

2024（6）：9-11.

[44] 王志蓉.大数据与云计算在企业财务管理的应用[J].财会学习，2021（16）：31-32.

[45] 肖凯.数字化时代财务管理的机遇与挑战[J].纳税，2021，15（9）：84-85.

[46] 谢新文.论大数据和云计算技术在企业财务管理中的应用[J].金融经济，2015（14）：204-205.

[47] 辛梦婕.试论云计算技术在财务管理中的应用[J].信息记录材料，2021，22（2）：114-115.

[48] 许琪.区块链技术在企业财务管理中应用的研究[J].广东经济，2024（3）：70-72.

[49] 袁明慧.企业财务内部控制体系建设思考[J].乡镇企业导报，2024（13）：201-203.

[50] 张根银，钱立平.五措并举探索内部审计数字化转型[J].中国内部审计，2021（6）：45-47.

[51] 张可嘉.内部控制在企业财务风险管理中的实践研究[J].财会学习，2024（17）：167-169.

[52] 张齐磊.基于业财融合的企业财务管理水平提高路径探究[J].中国市场，2021（30）：161-162.

[53] 张雅莉，许彬，王宇，莫盛杰，匡俊宇.浅析区块链技术对企业财务管理的影响[J].质量与市场，2022（10）：40-42.

[54] 张玉茜.数字经济时代的企业财务共享服务中心建设策略[J].营销界，2024（7）：35-37.

[55] 朱翱南.内部控制在企业财务风险管理中的运用研究[J].财经界，2020（25）：167-168.